論の経営学、倫の経営学

企業の「健康寿命」を伸ばす

吉田健司 著

帝京新書
002

まえがき

経営学は難しくありません。
それは私たちの身の回りにある問題を解決するためのものだからです。つまり、経営学は問題解決学というわけです。

そもそも経営学はそれ自体が目的ではありません。手段にすぎません。そのことを間違えると、大学院の修士課程を修了した人が手にするＭＢＡ（経営学修士）の学位や名称に圧倒され、経営学は難しいとアレルギー反応を起こすことになってしまいます。

アレルギー反応を避けるためには、経営学の肝《きも》を理解するのがいちばんの近道です。
少し大胆に言えば、肝は一つです。それを生活の場面やビジネスの場面で応用すればいいのです。

私たちはヒト、モノ、カネ、情報に囲まれています。それらを四大経営資源といいます。この四大経営資源をどう活用すれば人は幸せになれるのか、どう駆使すれば企業や団体は不幸にならずにすむのか、ということを考えるのが経営学なのです。

組織内のヒト、モノ、カネ、情報には限りがあります。それらを上手に組み合わせて将来の幸せ（利益ともいいます）を描いて、お金と時間と労力を注いでいきます。投資と呼ばれるものです。せっかく投資をするわけですから、それを取り戻さなければなりません。つまり資源を投資したら楽しく仕事をしながら着実に〝回収〟する必要があります。そうでなければ、次の成長ステップに向けて再投資することができません。これを「事業性」といいます。将来の幸せをつかむために投資と回収の関係を繰り返しながら成長し続け、その利益を「世のため人のため」に還元していくことが経営学のテーマです。

ここではっきりさせておかなければならないことが一つあります。

「無」から「有」は生まれないということです。

お金も時間も労力も注ぎ込まずに幸せ（利益）を手に入れようとするのは話が違います。それは経営学のテーマではなく、偶然や運に頼るギャンブルや魔法に近い世界の話ではないでしょうか。

四大資源のうちモノ、カネ、情報には共通点があります。それらが持っている価値は変わらないということです。十万円の値打ちがあるモノは十万円の価値があり、百万円の値打ちがあるカネと情報は、百万円の価値があります。

ヒトはどうでしょうか。

従業員の創意工夫で、それまで十人でやっていた会社の仕事を五人でできるようになったらどうでしょう。ヒトの価値は同じといえるでしょうか。

一人の従業員による生産の成果（労働生産性といいます）が二倍に上がったことになります。

生産の成果が売り上げに結び付き、会社に利益が出て従業員の賃金が上がれば、みんながハッピーです。

話をすこし複雑にしてみましょう。創意工夫が従業員から提案されたものではなく、新技術の導入という会社の投資によって引き起こされた場合はどうでしょう。先ほど言ったように、投資は回収されなければなりません。一方で労働生産性は上がりました。利益を経営者と従業員でどう配分するかという話になります。会社側と従業員側が最も幸せになる配分はどのようなものでしょう。

双方にとって恨《うら》みっこなしの配分にするには、数式や論理で簡単に割り出されるものではありません。話し合いが必要です。そして何よりも歩み寄りが必要です。

経営学に「心」が必要だと私が言うのは、このかけがえのないヒトが他の経営資源とは異なる資源だからです。話し合いや歩み寄りには「心」のキャッチボールが必要だと私は考えています。

経営の世界では戦略とか戦略的だとかという言葉がとても好まれます。経営戦略、生産戦略、生産技術戦略、人事労務戦略……。これに呼応して経営学の世界も経営戦略論、生産戦略論、生産技術戦略論などと戦略づいています。生意気な言い方に聞こえるかもしれませんが、戦略的でない経営ははじめから存在しません。

戦略（strategy）は物事の筋道《すじみち》ということです。軍を導くというギリシャ語に由来します。軍に関係するわけですから、なにやら物騒な話です。自軍の被害を極力減らし、敵軍の被害を最大にして勝利をつかみ取るということでしょう。ただ現在では、計画や方法、手段、方策のことを指すのが一般的です。

経営学が俗物的に受け取られるのも、戦略や戦略的といった難しく感じられる言葉を多用するからです。高級感を漂わせ、お澄《す》ましをして近寄りがたくしているともいえます。

生産管理論の講義で「受注生産」と「見込み生産」の違いを大学生に教えることがあります。「受注生産」は客からの注文に応じて製品を生産することです。「見込み生産」は製品の売れる量を予測して販売計画を立て、一定量の製品を作っておくことです。

字面《じづら》を読んでイメージできたでしょうか。

そうです。駅前の立ち食いそば屋で注文するそばやうどんは受注生産。ファストファッションの店舗で買うTシャツは見込み生産です。

経営学で大切なのは、このイメージなのです。イメージすることができなければ理解が深まりません。経営の現場は現実そのものです。本当にリアルです。そのため、イメージすることができなければ筋道を立てて物事を考えることが難しいと言っていいでしょう。

経営学は問題解決学です。現実の問題を解決しなければならないと私は言いました。数字や数値をこねくり回して結論を導く机上の学問ではありません。現実に即して考え、現実に鍛えられ、現実に反映させる学問です。

経営学は難しくありませんが、経営はやさしくはありません。経営のかじ取りを失敗すると、借金を抱えたり従業員を解雇したり株主から損害賠償を求められたりする恐れがあります。

ではは経営の本質とはなんでしょうか。

「経営」という言葉は、そもそも仏教用語に由来します。織物の「タテ糸」と「ヨコ糸」のことです。「経」は「タテ糸」を意味し「変わらないもの」「変えてはいけないもの」を指し、「営」は「ヨコ糸」を意味し「変えていくもの」「変えなければいけないもの」を指します。

本書では主にこの「タテ糸」について考えを深めていきたいと思います。「人生百年時代」といわれるようになりました。

ロンドン・ビジネススクールのリンダ・グラットンとアンドリュー・スコットの著書『ＬＩＦＥ ＳＨＩＦＴ――１００年時代の人生戦略』（東洋経済新報社、二〇一六年）がきっかけです。それを踏まえて、私は「三毛作人生」「人生は守破離」を提唱しています。

大学・大学院を出た後、会社員として働いた二十・三十代。それは師の教えを身につける修養の時期です。「守」に当たります。

起業して社外「経営企画室」という新しいタイプの経営支援サービスを軌道に乗せた四十・五十代。それは優れた他の流派の教えを受け入れる「破」に相当します。

大学教員としてアカデミアで活動した六十代前半。そして、経営を学び直すための塾「寺子屋カレッジ」を運営する今。それは新しいものを生み出す「離」というわけです。

「人生百年時代」に倣って「企業百年時代」もしくは「百年企業時代」は来るのでしょうか。

日経BPコンサルティング・周年事業ラボのユニークな調査があります。それによると、二〇二二年の時点で、創業後百年以上続く企業は世界で七万四〇三七社あり、そのうち日本は三万七〇八五社に上りました。世界の五〇・一%を占め、二位アメリカの二万一八二二社（二九・五%）を大きく引き離しました。

一方、東京商工リサーチが二〇二二年十二月に発表した老舗企業調査によると、創業百年以上となる企業は四万二九六六社で、前年に比べ二一九七社増えました。

ヒトも企業も健康寿命が延びることはいいことです。できれば生涯現役が理想です。経営学も一緒です。短期決戦を目指す「短く太い経営学」か。それとも長期戦に備える「細く長い経営学」か。前者は利益追求主義に、後者は社会貢献主義に色分けされます。

私たちはどちらの経営学を選ぶべきでしょうか。

実はどちらも大切です。

それは未来の視点から考えると理解できます。どちらかに偏れば、健康を害し生存が難しくなります。

読者のみなさんと一緒に「百年経営学」をイメージして、それらの内容を深められたらと思います。

（目次）

第一章　論と倫

▼ＭＢＡの目的

アメリカの大学でＭＢＡ（経営学修士）のコースを取る人は、ビジネスの成功を誰よりも強く夢見ています。経営学を「金儲けのための学問」と考える人が多いのではないでしょうか。実際、コースを修了した人の多くが年収二千万円を超えるといわれています。

ＭＢＡのコースにおける科目は、一般的に「ヒト・組織」、「モノ・顧客」、「カネ・資金」の分野に分かれ、それに経営戦略などの科目を加えた「情報・知財」分野を網羅します。

私が学んだ米イリノイ大学では、必修科目に数理系の統計学とオペレーションズリサーチ、行動科学系の行動科学と組織論、経済学系のミクロ経済学とマクロ経済学がありました。実用科目にはマーケティング、生産管理、ビジネスロー（法律）、ファイナンス、財務会計・管理会計、企業戦略立案などがありました。これらがすべて体系化され、相互に補完しながら「自社の利益最大化の学問」を支えていました。精緻《せいち》に体系化されたＭＢＡのコースは、論理的思考力を全開にしないと振るい落とされてしまうのが特徴だといえます。

大学や研究施設などのアカデミアは、放っておくと学問体系を精緻化し権威化する方向に進んでいきます。ある特定の分野に限定して細かいことを誰よりも詳しく知っていることに価値があるとみなされ、学問の全体像や目的、研究のタコつぼ化を避けるための相対化を忘れがちになります。ＭＢＡの学位を取った人も、それらの罠《わな》に陥り「経営学は課題解決学である」という経営現場にスタンスを置くことの重要性を忘れてしまう恐れがあります。

大企業の経営に携わる人のすべてがＭＢＡの学位を持っているわけではありません。ましてや中小・零細企業の経営者の大半がＭＢＡとは無縁です。とはいっても、経営に必要なことは理解しているか、創業者のように自分なりの経営哲学や経営手法を確立している経営者が少なくありません。自分自身で体系化したり分類化したりする機会がなかっただけです。

それでも無意識でやっていることと意識してやっていることには雲泥の差があります。

▼あんパン経営学

すべての経営者とビジネスパーソンに「問題解決学」である経営学を学んでほしいと私は考え、「学び直し経営塾」をつくりました。二〇一六年のことです。そこで人気を博しているのが「あんパン経営学」と呼ばれる講座です。数式中心の輸入された経営学を外国産の「パン」、渋沢栄一や近江商人たちのような道徳観を備えた経営学を国内産の「あん」とそれぞれみなし、私が命名しました。

パンが日本に伝わったのは一五四三年、ポルトガルによってです。その後、鎖国やキリシタン弾圧などにより、パンは姿を消してしまいました。明治七（一八七四）年に銀座木村屋が米、麹、水の酒種《さかだね》を使ったあんパンを開発したことから、日本にあんこ入りのパンが定着します。これに倣って洋の「経営術」をパン、和の「経営道」をあんとみなして和洋折衷型の経営学を目指しているわけです。どちらが欠けていてもそれは経営学ではないという意味を込めて「あんパン経営学」と言っています。

ですから、ＭＢＡ的な「経営術」は必要条件であっても、これに加えて、道徳観に基づく「経営道」を学ばなければ必要十分条件にならないともいえます。

「論の経営学」は論理と形式を重視するため、ビジネスをゲームととらえ、企業の利益至上主義を後押しする問題があります。

ある企業が市場を独占してしまったら消費者はどうなるでしょうか。競争相手がいなくなるために、その企業の言い値で商品やサービスを仕方なく買わなければならなくなります。家計の負担が増えるのは明らかです。

困るのは消費者だけではありません。従業員のほか、その企業に関わる株主、取引先、市場、社会全体が不利益を被る恐れが出てきます。

それはそうです。傍若無人な企業の出現と独占は、市場を縮小させたり環境の負荷を増やしたりします。競合する企業が存在していれば、そうした問題は消費者や市場の先導により解決されたはずだったからです。

企業の社会的責任（Corporate Social Responsibility）が問われるのはこのためです。

ただ、苛烈な競争と切磋琢磨は違います。切磋琢磨は進歩や革新の原動力に必要不可欠です。

そこで「倫の経営学」の出番となります。

▼近江商人の哲学

近江商人の経営哲学「三方よし」がとても参考になります。

これは「売り手によし、買い手によし、世間によし」という意味で、売り手と買い手が満足するだけでは足りず、社会的責任を果たさなければ十分ではないということを言っています。

近江商人は近江国（滋賀県）に本拠地を置く行商人で、天秤棒一本から財を成し豪商に名を連ねた人が少なくありません。伊藤忠商事の創業者・初代伊藤忠兵衛もその一人です。

「三方よし」の言葉は、伊藤忠兵衛が残した言葉「商売は菩薩の業、商売道の尊さは売り買い何《いず》れをも益し、世の不足をうずめ、御仏《みほとけ》の心にかなうもの」が起源の一つだと言われています。彼は熱心な仏教徒でした。だからでしょう。「自利利他円満」を目指す仏教の精神が商売に欠かせないことを体現していたことになります。

近江商人が「世間によし」という経営理念を大切にしていたのは、行商人という不安定な立場と無縁ではありません。常に得意先を開拓し、お客に自分を信頼してもらわなければ、よそ者にとってビジネスチャンスは訪れません。商圏を広げるには、世間や市場が安定している必要があります。だから「世間」の動向に近江商人は敏感であったのです。

実際、江戸時代の幕藩体制からはみ出した近江商人がその存在を受け入れてもらい、商いの存続を許されるためには、商品の流通の役割を担うことを通じて商売先の国の人々へ貢献することが必要だったと指摘されています。

「三方よし」の道徳観は、ステークホルダー理論にもつながっています。ステークホルダーは、組織体の存続および成功にとって不可欠なグループのことを指し、具体的には従業員や取引先、顧客や消費者、株主、投資家、地域社会など利害の関係する人たちのことです。「すべての正当なステークホルダーの利益には固有の価値があり、あるステークホルダーの利益を理由なしに他に優先させることはない」「株主と企業の利害関係者を統合し、人々を公平かつ公正に扱う一方、よりすぐれた世の中を作り出し、人間としての存在意義を高める」ことを目的とするのがステークホルダー理論と呼ばれるものです。

伊藤忠商事はこれらの道徳観を企業理念に取り入れ、「自社の利益だけでなく、取引先、株主、社員をはじめ周囲の様々《さまざま》なステークホルダーの期待と信頼に応え、その結果、社会課題の解決に貢献したいという願い。『三方よし』は、世の中に善き循環を生み出し、持続可能な社会に貢献する伊藤忠の目指す商いの心です」という言葉を掲げています。

▼たねやの挑戦

近江商人のDNAを引き継いでいるといわれているのが、滋賀県近江八幡市のたねやグループ（山本昌仁《やまもとまさひと》CEO）です。お菓子の製造販売を手がけ、お菓子と自然を満喫できる和洋菓子「たねや」「クラブハリエ」のフラッグシップ店の「ラコリーナ近江八幡」は、新型コロナウイルスが日本に流行する前の二〇一九年には三百二十二万人の観光客が訪れました。感染拡大により二〇年は二百三十三万人に減ったものの、滋賀県で一番の観光スポットである地位は揺るがず、二一年には二百七十四万人、そして二二年には三百二十一万人で過去最高の一九年にほぼ並ぶまでに回復しました。二三年一～九月で三百十二万人の来客者数を記録し、通年で過去最高になる見込みです。

たねやグループの特色は地域創造に徹していることです。たねやの社長も務める山本氏は「地域があり、原材料をつくる産地があり、きれいな水があり、それらをつなぐ心がしっかりしていることが最も大事だ」と語っています。同社には「商いの心得」を説いた『末廣正統苑』という冊子があり、冒頭には「道」と書かれているそうです。

お菓子屋の道というのは売り買いだけのことではない。売り買いは結果であり、それが成り立つために地域があり、原材料をつくる産地があり、きれいな水があり、それらをつなぐ心がしっかりしていることが最も大事である。地域で一緒に生きていくためには、お菓子屋の本業以外のところで協力していかないといけないと山本氏は言います。「この地域で商売をさせてもらっているのもこの地域の方々のおかげ。もっと言えば、神様のおかげです」とまで言い切ります。彼のステークホルダーには生態系も含まれるのです。

たねやの創業は一八七二（明治五）年ですから、設立から百五十年を超えます。グループの従業員は今や約千八百人を超え、売上高は二〇二三年二月決算（二〇二二年度）で二百六億円に達しました。

▼独占と共存共栄

たねやグループは、市場を独占しようとして同業他社と血で血を洗う戦いを繰り広げることはないでしょう。それに対してアメリカ発祥のハンバーガーチェーンの一つは一九九〇年代後半、平日半額のキャンペーンを日本で展開してライバルチェーンを日本市場から追い出してしまいました。価格競争を仕掛け、比較広告でライバルを排除する経営戦略には節度がありませんでした。特に記憶に残るのは二〇一一年にドイツで放送されたこのハンバーガーチェーンのテレビコマーシャルです。

公園のベンチに腰かけた男の子がハンバーガーチェーンの紙袋を膝の上に置きフライドポテトを食べています。いじめっ子たちが来て男の子のフライドポテトを食べてしまいます。

次の日も同じことが起きます。そこで男の子は一計を案じます。いじめっ子たちに食べられないように、ライバルチェーンの紙袋に隠しながら元のハンバーグチェーンのフライドポテトを食べることにしました。いじめっ子たちは見向きもせず、まんまとだまされました。これはライバルチェーンの商品に食べる価値はないと訴える、痛烈なネガティブキャンペーンでした。

巨大企業（ガリバー）の競合戦略に対し、日本のガリバーはどうでしょう。ライバルを目の敵にして徹底的に叩くという戦略を取っているでしょうか。

世界最大の自動車メーカーの一つであるトヨタ自動車は「共存共栄」の姿勢を貫いています。

トヨタ自動車の創業者は、豊田佐吉《とよたさきち》の実子である豊田喜一郎《きいちろう》です。初代社長は佐吉の婿養子となった近江商人の豊田利三郎《りさぶろう》でした。彼は佐吉に見込まれ、その娘と結婚します。トヨタ自動車はその後も、近江商人の流れをくみながら発展していきます。

そのトヨタが日産、ホンダを目の敵にするでしょうか。三菱自動車を目の敵にして独り勝ちを望むでしょうか。そうした発想にトヨタは立っていないと言えるでしょう。消費者が好きな車を選べばいいという考えです。

先に述べたハンバーガーチェーンは違います。格安バーガーを売り出して、ライバルチェーンを叩きのめす。ハンバーガー市場を独占したら次に五倍の価格で売り出す。さらにネガティブキャンペーンでライバルチェーンの商品を叩く。こうした戦いにいいことはありません。このハンバーガーチェーンの競合対応には道徳心のかけらもないように感じられます。それは数式と論理を優先するMBAの行きつく先、「論」偏重の経営学の終着点であると言ったら、言い過ぎになるでしょうか。

ネガティブキャンペーンと言えば、アメリカの大統領選が有名です。そこまでやるかというぐらいメディアを使って対立候補の誹謗中傷を繰り返します。バイデン氏とトランプ氏が争った二〇二〇年の大統領選で「バイデンは、大統領選の歴史で最悪の候補者だ。彼は、自分が生きているかどうかも分かっていない」と現職大統領のトランプ氏は責め立てました。理由も根拠も挙げませんでした。言ったもん勝ちの世界です。ハンバーガーチェーンの例と同じです。

競争が公正に行われない場合、そのしわ寄せはビジネスでは消費者に、選挙では有権者に来ます。激しい値下げ競争でライバルが市場から退場した途端、勝者のメーカーは主力製品を一気に値上げするかもしれません。選挙で圧勝した当選者は、政策のフリーハンドを得たとして公約にない施策を突然、強行するかもしれません。消費者と有権者の声は完全に無視されることになります。

市場や産業が持続的に発展するためには行き過ぎた「論の経営学」を見直し、道徳心に裏打ちされた「倫の経営学」をそれと融合させることが欠かせません。

▼渋沢栄一の哲学

「倫の経営学」について考えるとき、渋沢栄一《しぶさわえいいち》が参考になります。

「近代日本経済の父」とも呼ばれる実業家、渋沢栄一は一九三一（昭和六）年十一月十一日、九十一歳で亡くなりました。

財務省が二〇二四年度発行の新一万円札の図柄に渋沢を採用すると発表したのは一九年四月でした。くしくも渋沢が亡くなって八十八年目でした。二一年に放送されたNHK大河ドラマ「青天《せいてん》を衝《つ》け」の主人公に起用されたことから「渋沢ブーム」が起き、銀行を始め創設・育成に力を注いだ企業の数が約五百、支援した社会公共事業・教育機関の数が約六百に上る業績が再評価されました。

渋沢には多数の著書があります。そのうち『青淵百話《せいえんひゃくわ》』『論語《ろんご》と算盤《そろばん》』『渋沢栄一自《じ》叙伝《じょでん》』『処世《しょせい》の大道《だいどう》』などがよく知られています。

『青淵百話』や『論語と算盤』に記されている渋沢の言葉はとても説得力があります。

特に経営を倫理の側面からとらえようとするビジネスパーソンの心に響きます。だからこそ、論理と分析と形式を優先する経営者には彼の言葉に触れてほしいのです。

人はこの世に生を受けた限り、自分のためだけではなく世のため人のためにするべき仕事がありその義務があると、渋沢は『青淵百話』で繰り返し説きます。そのうえで、人は努力をすればその報酬は受けられるとし、巨額の財産を子孫に残す代わりに相応の学問を子孫に授ければ、彼ら彼女らは自分自身を養う力を身に付けるはずだと言います。

これを経営または経営学の言葉に置き換えるなら、企業は事業活動を始めたら、自社のためだけではなく世のためステークホルダーのために貢献しなければならないということになります。ステークホルダーには顧客、従業員はもちろんのこと、株主から仕入れ先、地域社会まであらゆる利害関係者を含みます。

さらに企業は努力をすればその収益を得られるし、相応の利益を自社のためだけに蓄える代わりに相応の還元を社内および社外に徹底すれば、それらを手にした人や企業は将来に備えた事業や人材の育成に投資ができるはずです。

渋沢の言う努力の反復とカネの循環については、論と倫を使って考えなければ彼の真意は理解できないと私は思っています。

次に渋沢のユニークな幸福論を紹介しましょう。

一時的な幸福もあれば永久的な幸福もあると彼は言います。金持ちが必ずしも幸福ではなく、貧者が必ずしも不幸ではないと指摘します。そのうえで富と地位を得ても、人生の目的である知識を磨き徳の修得を忘れる限り、人は不幸そのものだと述べます。そして永久の幸せこそ真の幸福で、知と徳を修めてそれらを磨けば真の幸福は訪れるとします。

これを私なりに解釈するとこうなります。

短期の成功もあれば長期の（持続的な）成功もあります。最高益の更新が必ずしも成功ではなく、ぎりぎりの黒字が必ずしも失敗ではありません。業界内で富と地位を得ても、自社の経営理念を忘れ、社会貢献を忘れる限り企業は失敗そのものです。持続する成功こそ真の成功で、すべてのステークホルダーがそれを望んでいます。正しい経営理念を社内に浸透させ実現させることができれば、成功はいつまでも続くはずです。

▼全脳

経営者にとって特に耳が痛いのは、事業の開始に当たって論と倫の力の両方を使えと戒める彼の言葉ではないでしょうか。

東京商工会議所によると、渋沢が関わった企業は四百八十一社に上ります。起業は複雑で面倒なものであると言いながらも、渋沢は起業における四つの条件を次の通り挙げます。

一、事業として利益が出る

二、個人の利益になる。それと同時に、不特定かつ　多数の者や国家社会の利益になる

三、時代に合っている

四、経営者となる適切な人材がいる

起業には完全な設計と細心の注意が必要だとして、四つのうち一つでも欠ければ起業を見送るべきだと言います。

一つ目は、数字の上で利益の出る見込みがたとえあったとしても、十分な成算（採算）がなければ間違いなく失敗するということです。経営者は「数字」にこだわり精細綿密な計算をしなければなりません。成功するかどうか分からないものの、まずはやってみるといった態度を渋沢は否定します。これはＭＢＡに代表される計数と論理中心の経営を貫くことにつながります。

二つ目は、人のため社会のためになる事業、思いやりの厚い事業を進めなければならないということです。渋沢は個人の利益と公益が相反するものだとは考えません。彼がくぎを刺すのは、個人の利益だけを追う経営者の態度と公益を最優先する経営者の姿勢についてです。前者は一時的に繁栄するにしてもいつか社会に見捨てられ、後者は収支が合わず事業が成立しなくなるからです。事業は個人や企業の利益を得ながら、同時に国家社会の利益にならないといけないと戒めます。これは経営者の感性や道徳心が反映される経営と深く結び付いています。

三つ目は、利益が必ず見込め、公益を確保できたとしても、外部環境の変化次第によっては、事業のもうけは一過性に終わる恐れがあるということです。国内外の景気や法規制、新技術の登場、人口動態変化などの社会変化は事業に大きな影響を与えます。「時機」を絶対に見逃すなと渋沢は言います。そのために何ができるでしょうか。「時機」の有無を分析するには論理的思考が必要です。

しかし、分析を続けているだけでは「時機」すなわち「タイミング」を逃してしまいます。分析結果のイメージを膨らませ、実際の行動に結び付けられるかどうかが焦点になります。ここで倫の力をも生かした経営手腕が問われることになるといえます。

四つ目は、経営は人なり、事業は人なりということです。どんな事業でも適切な人材がいなければ経営は不可能だと渋沢は強調します。事業の継続は、立ち上げとは別の難しさがあります。適切な人材が確保できるなら、赤字の事業さえも黒字に転換できると言っています。

▼技術立国再興の課題

人材不足で話題になった話があります。三菱重工業が十五年の歳月をかけて進めていた国産初のジェット旅客機「スペースジェット」の事業です。二〇二三年二月、事業の中止を発表しました。これで日本のジェット旅客機開発は水泡に帰しました。旅客機の商業運航に必要な国の型式証明を手に入れることができなかったのが理由です。

三菱重工業の子会社である三菱航空機の元社長川井昭陽《かわいてるあき》氏は「日本はもう長い間、民間機をつくってもいない。誰もいない、分かっている人が」「〝飛ぶ飛行機〟をつくるのはやさしい。だけど、〝安全ということが証明できた飛行機〟をつくるのは、これはすごく難しい話。(型式証明については)みんな素人集団であったと言わざるを得ないと思う」とNHK(二〇二三年八月二日放送)の取材に答えています。

インタビューの最後に川井氏はこうも言っていました。

「どう人を育てるかというところで準備が足らなかったんじゃないかなと思う。開発を継続させることです。本当に、継続は力。ということは逆に、やめてしまえば何もなくなる。だから小さくてもいいから開発をずっと続ける。その核となる人間はずっと長い間かけて育てていく。そっちのほうに希望を見いだしたいと思っている」

渋沢が挙げた起業四条件のうち、三菱重工業側が満たしたのは三番目の「時代に合っている」という項目だけでしょうか。巨費が投じられる国家的プロジェクトは計画が長期にわたるため、ヒト・モノ・カネ・情報の経営資源が最大限に活用されたとしても自社の内部環境も外部環境も変わります。同社が経営者と技術者というヒトの問題で本当につまずいたとしたならば、「新しき時代には新しき人物を養成してあたらしき事物を処理せねばならない」(『渋沢栄一訓言集』)と警告した渋沢の言葉が重く響きます。

三菱航空機は清算に向け社名をMSJ資産管理へ変更しました。二〇二三年四月のことです。渋沢は『論語と算盤』で物事の成否について述べています。

守屋《もりや》淳《あつし》氏が現代語訳したちくま新書の同書から引きましょう。

とにかく人は、誠実にひたすら努力し、自分の運命を開いていくのがよい。もしそれで失敗したら、「自分の智力が及ばなかったため」とあきらめることだ。逆に成功したなら「知恵がうまく活かせた」と思えばよい。成功したにしろ、失敗したにしろ、お天道さまからくだされた運命にまかせていればよいのだ。こうして、たとえ失敗してもあくまで勉強を続けていけば、いつかまた、幸運にめぐまれるときがくる。

「スペースジェット」の事業失敗は三菱重工業のステークホルダーに衝撃を与えました。それでも、渋沢の言うように「いつかまた、幸運にめぐまれるときがくる」ことを信じ、国産ジェット旅客機開発成功と技術立国ニッポン再興の報を私は待ちたいと思います。

第二章　［ヒト］リーダーシップ、組織

論と倫の力を融合的に使う「あんパン経営学」をヒト、カネ、モノ、情報の順に見ていきましょう。

まずはヒトです。人的資源管理とリーダーシップ、経営組織について考えます。

▼人的資源管理論

人的資源管理論は、組織を構成する個人に焦点を当てるのが特徴です。採用・教育・評価から給与体系、働き方改革（ワークライフバランス）まで、扱う分野は広範囲に及びます。というのも、経営や事業活動の原動力は人ですから、当然といえば当然です。彼ら彼女らにはやる気を起こしてもらわなければなりません。経営資源における人の重要性はいくら強調しても足りないくらいです。「人財」と呼ばれるのはこのためです。第一章で触れた三菱重工業のジェット旅客機「スペースジェット」の事業の通りです。

企業における人材には三つのタイプがあるといわれています。「人財」と「人在」と

「人罪」です。

「人財」は企業にとって財産や宝物に匹敵する人のことです。企業を飛躍させる能力や才覚を備えています。「人材」の材は「材料」の「材」、つまり物を作る原料や物を連想させるところがあるので、「人財」の言葉が広く定着してほしいと思っています。

「人在」は、企業にただ存在するだけの人で、可もなく不可もないという、チャレンジをしない人を指します。成長は見込めず、やる気も覇気も元気もありません。もちろん将来性もありません。

「人罪」は語感が悪いのであまり使いたくない言葉です。要するに経営の足を引っ張る人のことです。コンプライアンスに違反し、社会的規範や企業倫理、社内規定、就業規則を無視したり軽んじたりする人です。社員だけではなく経営者にもこのタイプの人がいます。企業で相次ぐ不祥事は「人罪」が引き起こしていると言っていいでしょう。

同僚の足を引っ張ったり嫌がらせをしたり、会社の不平不満を繰り返し口にして同僚のやる気を失わせる人も、セクハラやパワハラまがいのことをしている人も、「人罪」に当てはまります。一方で会社勤めのメリットを最大限に活用し、時には会社に不利益を与える「人罪」もいます。言葉はよくありませんが、「会社を食い物にしている人」のことです。

▼五つの人財要素

人財を生み出す条件について考えてみると、五つの要素が欠かせないことが分かります。

一つはライフバランスです。

個人と家庭と会社の三つの生活において、時間のバランスが取れていることです。家庭や会社を顧みず、趣味の推し活に夢中になれば円満だった家庭にひびがはいるかもしれません。そして仕事への集中力も途切れがちになるかもしれません。

経営学者のピーター・F・ドラッカーは著書『現代の経営』で、会社人間は本人にも会社にも危険であると指摘しています。バランスこそが大切なのです。

二つ目は会社や職場がホロン組織であることです。

組織全体とその構成要素である個人との関係が調和しており、有機的な一体感がなければいけません。会社が個人を利用したり、逆に個人が会社を利用したりしたら、会社は崩壊の道をたどることになります。

三つ目はゆるやかな関係です。

上司と部下、役員と幹部などの関係において付かず離れずの距離感を保つことが大切です。ベタベタせず、ドライ過ぎずということです。ふつうは「ツンツン」していてぶっきらぼうな態度であるにもかかわらず、何かのきっかけで「デレデレ」して好意的な態度を示す「ツンデレ」も、自律した人材とはいえません。


四つ目は適度なストレスです。

個人の能力で請け負える量（キャパシティー）を超えない程度の緊張感が必要です。能力以下の課題では成長が見込めません。かといって難し過ぎる課題では挫折感だけを味わうことになります。ここが難しいところです。能力をやや超える課題が与えられるかどうかが要点です。


最後の五つ目は、異分野との融合です。

異質、異能、異彩な人たちとの交流から刺激をもらうことが欠かせません。

同質性の高い職場や同質の個人から成る組織は、社員が似た者同士なのでコミュケーションが円滑に進み、社員間の信頼感は高まります。組織の一体感が得やすいといえます。マネジメントの運営も難しくありません。

一方で、異なる考えに固執する社員を「異分子」とみて排除する傾向が出てきます。空気を読む社員、波風を立てるのを嫌う社員、そんな人ばかりが増えてきます。そこから革新的なビジネスのアイデアが出てくるでしょうか。会社の不正行為を発見した人が会社の設けた窓口に積極的に通報したりすることができるでしょうか。

チャレンジ精神や企業倫理がどこへ向かうか心配になってきます。

企業でも多様性が叫ばれるのはこのためです。年齢や性別、国籍ばかりではなく、学歴、特性、趣味、キャリア、経験、働き方、障害、宗教も多様性には含まれます。（図2－1）＝80ページ＝でイメージしてみてください。

やる気は短期的なやる気と中長期的なやる気に整理することができます。

英語で言うと、短期的なやる気はモチベーション（motivation）、中長期的なやる気はコミットメント（commitment）となります。

二つの特徴を表（表２－１）＝81ページ＝にしました。

モチベーションには三つの段階があります。

一つは、仕事（課題）に取り組む必要性です。必要性が理解できなければ、「この仕事ってやる意味あるの？やる意味、全然ないのに」とやる気を失うばかりか、反発心さえ起きてしまいます。

二つには、仕事（課題）が自分にとって達成可能であると思えることです。「私の能力からして、こんなのできるわけがない」と思える難題は、モチベーションを下げるだけです。

三つには、仕事（課題）によって自分の存在意義が実感できることです。「そこまで感謝されるとは思わなかった。わたしって思った以上にやればできるんだ」。課題の達成により承認欲求が満たされ、自信がわき達成感に浸ることができます。自分の存在意義を実感できるはずです。

職場の上司は部下に仕事を任せる場合、必要性、達成可能性（サポート体制・スケジュールを含む）、評価を常に考えおかなければいけません。特に必要性と達成可能性については説明責任を果たすことが求められます。

ビクター・H・ブルームの提唱したモチベーションの期待理論によると、仕事をすることで得られる結果への期待（値）と、その行為によって得られる報酬の魅力、報酬そのものの価値によってモチベーションが決まります。式に書くと次のようになります。

モチベーション
＝
［作業（仕事）が業績へとつながる期待］
×
［業績が報酬へとつながる期待］
×
［報酬の価値］

ブルームの期待理論は欧米の理論らしく、報酬に重きを置いた理論です。

少しデータが古くなりますが、内閣府の二〇一四年度の「国民生活に関する世論調査国勢調査」によると、働く目的について尋ねたところ「お金を得るために働く」と答えた人の割合は五一・〇％でした。「社会の一員として、務めを果たすために働く」と答えた人が一四・七％、「自分の才能や能力を発揮するために働く」と答えた人は八・八％、「生きがいをみつけるために働く」と答えた人は二一・三％でした。

デジタルトランスフォーメーション（DX）化の進展によって、人の働き方も、人の働く意識も大きく変わりつつあります。とはいえ、パソコンの世帯普及率が八〇％に迫った二〇一四年当時で、仕事に生きがいを求める人が二割に達している事実はとても重要です。企業がどんな生きがいをどのように人材に与えられるかが課題になっています。

▼リーダーとマネージャー

企業には全社的な立場から経営を遂行するリーダーから、工場や営業の現場で部下たちを引っ張っていくリーダーまでいろいろなタイプのリーダーがいます。組織そのものと、リーダーの存在は切っても切れない関係にあります。組織をまとめながら共通の目的へ部下たちを導くリーダーの機能をリーダーシップといいます。

ではリーダーとマネージャーは同じでしょうか。

役割と行動特性が違います。両者を比較することによって、リーダーの要件がはっきりしてきます。（表2－2）＝81ページ＝を見てください。

リーダーシップは周囲に対するリーダーの働きかけのことを指し、リーダーは組織のメンバーにやる気を起こさせる統率者です。表にあるように「周囲を納得させて実行」するのが、割り当てられた役割です。企業では、従業員たちに高いモチベーションを持たせ、それを維持させ、企業の目的を達成させる指導者です。

この視点から、やりがいのある会社や組織、職場はどのようなものかを考えてみると、リーダーやリーダーシップの重要性が一層はっきりします。

リーダーが信頼され、リーダーの発揮するリーダーシップのもとで、従業員が自身の仕事に誇りを持てているかどうかで、やりがいのある組織かどうかが分かります。さらに、一緒に働いている仲間と連帯感が持てているかどうかも指標になります。

▼多様なリーダーシップ論

リーダーシップの理論は多数あります。資本主義経済をけん引する欧米で発展してきました。

米テキサス大のロバート・ブレイクとジェーン・ムートンが一九六〇年代に発表した理論「マネジリアル・グリッド」はよく知られています。組織のメンバー（人間）への関心度と生産（仕事）への関心度に注目し、両方の関心度が高いタイプが最適なリーダーシップを発揮できると結論付けました。ただ、エビデンス（客観的証拠）が得られにくいことから妥当性、信頼性が課題でした。それでも、人間への関心度の高低は①部下の熱意や信頼に応えられているかどうか②よい労働条件が確立されているかどうか③

公正で適正な給与が保たれているかどうか④同僚との友情や良好な人間関係が築かれているかどうか――を基準にしていることから、リーダーと部下の信頼関係を軸にリーダーシップを考える上で注目すべき点があります。

「マネジリアル・グリッド」によると、人間への関心は低いものの、生産への関心が高いタイプは「権威服従型」とされ、人間への関心は高く、生産への関心が低いタイプは、労働環境はいいが成果は出にくい「カントリークラブ型」と指摘されました。

状況に応じて仕事（タスク）への志向を強めたり、人間への志向を強めたりして、スタイルを変化できるリーダーシップが望ましいと指摘したのは、フレッド・フィードラーの偶発的な状況に対する適応理論です。集団の業績を効果的に上げる条件に「リーダーが部下に接するスタイル」と「リーダーに与えられた支配力および影響力の大きさ」の二つに注目している点に特色があります。組織の置かれた状況によって、仕事を優先するべきか、それとも人間関係を優先するべきか、リーダーはその都度、深く考えて行動しなければならないことがはっきりしました。今では、刻々と変化する状況を適宜把握して、的確に対応できるリーダーシップが重視されます。

▼変わる指導力

このフィードラーの理論によって「どのような状況下でも変わらない、最適なリーダーシップというものは存在しない」ということが確認されました。実際、ある組織ではうまくリーダーシップが発揮できても、別の組織ではうまく発揮できないことは珍しくありません。リーダーシップは個人の能力だけではなく、むしろ組織が直面する状況や組織の持つ機能・対応力、組織風土そしてメンバー構成で決まるとも考えられます。

シチュエーション・リーダーシップ（SL）理論もよく知られています。ポール・ハーシーとケン・ブランチャードの理論で、画一的な指導を上司が部下にするのではなく、部下の能力や習熟度に合わせて指導する方が、部下の成長につながると考えます。

SL理論は部下のタイプを四つに分けます。

①何をしていい分からず、ミスを恐れるタイプ
②何をしていいのか分からないものの、積極的に行動したいタイプ
③何をすべきか分かっているものの、ミスや失敗が不安なタイプ
④何をすべきか分かっていて、楽しく取り組んでいるタイプ

リーダーはこれら四つのタイプの部下に対し、業務を具体的に指示するか、あるいは部下との信頼関係を築くために賞賛したり傾聴したりするかを選択することになります。

▼アイオワ研究

「アイオワ研究」の名で知られる心理学者レヴィンの理論があります。アイオワ大学で実施した実験に基づき、リーダーシップのタイプを専制型、放任型、民主型の三つに分類したのが特徴です。民主型のリーダーシップはリーダーの援助の下、部下が集団で話し合って方針を決定し、作業の手順についても部下に任されます。職場には一定の自

由があります。短期的には専制型のリーダーシップより生産性は低いものの、長期的には高くなり、メンバー間に友好的な雰囲気が生まれ、集団の団結力は高まります。レヴィンはこの民主型が最も好ましいと考えました。

これに対し専制型のリーダーシップの下では、部下は消極的、集団は受動的になり、命令されないと動かなくなる特徴があります。意思決定も作業手順もすべてリーダーが決めます。職場に自由はありません。逆に作業の習熟度が低い不安定な職場や、緊急事態に直面した集団では効果が見込まれ、短期的な生産性も高いといえます。長期的にはメンバーに相互不信感が生まれやすく、生産性は低迷します。

放任型のリーダーシップは、リーダーが部下や集団の行動に関わりません。意思決定も作業手順も部下任せです。研究開発部門や専門職の集まる職場で見られます。組織のまとまりはなく、メンバーの士気に加え、仕事の量と質の低下が課題となります。

人と組織は変わりますし、変わらなければなりません。組織の創設時は専制型でまずスタートし、後に安定してきたら民主型へ移行することもできます。部門によっては民主型と専制型と放任型のリーダーシップを局面に応じて使い分け、それらに強弱を付けることもあり得ます。大切なのは組織の目標・目的、信頼感・連帯感を分かち合うことだといえるでしょう。

著書『EQ〜こころの知能指数』で知られるダニエル・ゴールマンによるリーダーシップ論は、ビジネスパーソンに人気です。ゴールマンによれば、リーダーシップには六つのスタイルがあることが大規模調査で分かりました。

▼上司と部下と状況

一つ目は「ビジョン型」です。リーダーが集団の目標（ビジョン）を明確に示し、メンバーの進む方向を正しく導くスタイルです。ゴールは示すもの、目標達成までの手段や工程はメンバーに委ねます。このためメンバーに能動性や自立性が芽生えるとされています。

二つ目は「コーチ型」です。集団のメンバー一人ひとりの能力を尊重します。マン・ツー・マンの人間関係を重視し、コーチング（指導）を通じて個人の目標をサポートし、仕事の効率や品質を高めます。やる気のあるメンバーに効果があるといわれます。

三つ目は「関係重視型」です。組織のメンバーの関係性を重視します。メンバーと同じ位置や同じ目線に立つのが特徴です。損なわれた人間関係の修復や組織のモラル向上に効果があります。ただ、人間関係を重視するあまり、目標や業務改善を後回しにする傾向があり、人間関係の対立を避けるため事なかれ主義に陥りやすいともいえます。

四つ目は「民主型」です。メンバーの提案を広く聞き入れ、活動計画や工程表を適宜改善し、高めます。新しいアイデアが生まれやすいといわれています。ただ、即断即決が求められる緊急時には適していないでしょう。

五つ目は「ペースセッター型」です。ペースセッター（pacesetter）はもともと、マラソンなどのペースメーカーのことをいいます。このタイプはリーダー自身が手本を見せて、成功イメージをメンバーに抱かせるのが特徴です。リーダーの先導により、メンバーは難しい課題に取り組みやすくなります。ただ、リーダーが自分と同じ水準をメンバーに求めてしまうほか、リーダーが一人で仕事を抱え込む傾向があります。最近、金融機関などのコンサルティングサービスとして中小企業への「伴走型支援」が注目されていますが、これは外部からのペースメーカーともいえます。

最後の六つ目は「強制型」です。文字通り、強制力でもって目標に達するスタイルです。緊急時を含め短期間で成果を出さなければならないときに力を発揮します。しかし、組織と個人の持続的発展を考えると中長期的には相いれません。

リーダーがどのようなスタイルを取るかは一般的に①本人（上司）の力②部下の力③状況の力――に因ります。

部下に力がなければ、リーダーは信頼して仕事を任せることはできません。逆に部下が仕事の状況を理解し、かつ対処の仕方を分かっているときは、仕事の権限を与えるのが最上の策となります。

リーダーにとって自分自身の性格、強み、弱みを知ることは特に重要だといえます。自信のないリーダーは、どんな状況に置かれても権威主義的なスタイルを取る傾向があります。不適切なマネジメントを避けるには、まず自覚が必要です。

▼VCMと3A

DX（デジタルトランスフォーメーション）化と多様性が絡み合って社会が進展する現在、リーダーに求められる特性は単純化しているともいえます。逆説的に聞こえるかもしれませんが、シンプル・イズ・ベストです。複雑なモデルではなく簡明素朴なモデルこそ力があります。

その代表例はVCMです。

Vはビジョン（Vision）です。
Cはコミットメント・献身（Commitment）です。
Mは管理能力（Management）です。

そして3Aです。

過去の成功体験にとらわれないAdaptabilityのA。
時代をリードするスピード感を持った意思決定であるAgilityのA。
そして企業の姿勢を社内外に伝える説明能力のAccountabilityのAです。

もちろん「見える違い」（外見、性別、人種、国籍、年齢、働き方）と「見えない違い」（価値観、経験、育った環境、文化、宗教、学歴、地位）と「心理的違い」（価値観、キャリア志向、組織観、職業観、ライフスタイル）をリーダーは柔軟に受け入れなければなりません。多様性はイノベーションの創出に不可欠だからです。

気になる数字があります。世界経済フォーラムが二〇二三年六月に発表したジェンダー・ギャップ指数です。これは「経済」「教育」「健康」「政治」の四つの分野のデータから作成され、男女格差を表します。0が完全不平等、1が完全平等です。日本の総合点は0・647、順位は世界一四六カ国中一二五位（前年は一四六カ国中一一六位）でした。先進国で最低レベル、アジア諸国でも韓国や中国、東南アジア諸国連合（ASEAN）より低い結果となりました。

「経済」の点数は0・561（一二三位）で、特に女性管理職の比率に関するスコアは0・148（一三三位）でした。

日本企業も日本経済も、その浮沈は女性の活躍がカギを握っています。労働参加率の男女格差、同一労働における男女の賃金差別などは女性の活力を奪ってきたことから、格差解消、差別是正が急務です。

日本の企業は「生え抜き」の経営者が多く、同質性が高い特色があります。課長・部長への昇進が遅いことも挙げられます。役員・管理職に占める女性の比率が低い。東証プライム上場企業の合計時価総額は、ＧＡＦＡＭ（Google, Amazon, Facebook, Apple, Microsoft）五社の合計に大きく水をあけられました（二〇二三年六月時点）。日本の国際競争力は、この三十年で一位から三一位に落ちました。だからこそ強いリーダーとリーダーシップが求められます。

リーダーシップに理想型はありません。これまで述べたように、組織の目標、組織が置かれた状況、組織の機能、メンバーの能力、メンバーの顔触れ、仕事の工程表、組織風土などによって求められるリーダーシップは異なります。ですから臨機応変にさまざまなタイプを使い分けることが、ＤＸ時代には欠かせません。

「この仲間、この職場でよかった」という連帯感。「この仕事が完遂できてよかった」という達成感。「この仕事をやらせてもらえて幸せです」という充実感がそれぞれ得られ、「次も難しい仕事がしたい」というチャレンジ精神がメンバーに定着すれば、リーダーへの信頼は揺るがないものになります。それはリーダーシップの理想型に近づいたことになります。

▼経営組織論

東証に上場する電気機器メーカーのパナソニックも日立製作所もはじめはスタートアップ企業でした。組織は目的と規範を備えているのが必要条件です。目的は利益追求かもしれませんし、社会貢献かもしれません。両方のこともあるでしょう。従業員の行動を律する社内規定、つまりルールが必ずあります。それらがなければ組織ではなく、単なる人の集まりである集団にすぎません。活気にあふれた組織のメンバーには組織を元気にしようとする貢献意欲があります。私はサラリーパーソンになったころ、経験もアイデアもなかったため、自分にできることは掃除をすることぐらいだと思い、職場環境を整えようとしました。それも貢献意欲の表れです。ただ貢献意欲があるだけでは、組織は成長したり拡大したりすることはできません。組織が成長拡大路線を歩むには夢（ビジョン）と戦略が必要です。ここでいう戦略とはゴールに向かう道筋のことです。

予測不可能な状況のことをＶＵＣＡ（ブーカ）といいます。Volatility（変動性）のＶ、Uncertainty（不確実性）のＵ、Complexity（複雑性）のＣ、Ambiguity（曖昧性）のＡをとって、ブーカというわけです。

成長拡大型の組織では、ブーカの時代に生き残ることは難しいといえるでしょう。新型コロナウイルスの出現と感染拡大にも耐えられる持続可能な組織はどうしたらできるのでしょうか。それには健全な風土（理念）があり、危機感が社員に共有され、社員同士のコミュニケーションが活発で風通しがいいことが組織には必要です。

持続可能で環境の変化に対応できるためには、組織はコミュニケーションを大切にすることを前提に、理念とも呼ぶべき風土と危機感を社員が共有していなければなりません。企業に不祥事が起きるたびに組織風土の問題が取り上げられます。

▼不祥事と組織風土

日本を代表するトラック・バスの製造会社で二〇二二年三月に発覚したエンジンの排出ガスと燃費に関する認証申請の不正行為は、驚くことに二十年以上にわたって繰り返されていました。同年八月に公表された同社の特別調査委員会による調査報告書は、組織風土にメスを入れました。

そこにはこう書かれています。

従業員アンケートの結果を見てみても、本問題の舞台となったパワートレーン実験部や本問題に関与した個人を非難するアンケート回答が多いかといえば必ずしもそうではなく、むしろ、アンケート回答の多くは、◯◯全体の企業風土や体質にこそ、本問題の真因があることを指摘していた。このように、少なからぬ従業員が、〇〇の抱える問題点を認識していたのに、〇〇は会社として、本問題の発生を防ぐことも、早期に発見することもできなかった。当委員会は、この点を深掘りしていくことにより、下記の3つを本問題の真因と考えるに至った。

〇〇には会社名がもともとは記されています。

かつて弁護士の郷原信郎《ごうはらのぶお》氏は企業犯罪（不祥事）における日本とアメリカの違いを次のように評しました。アメリカは個人の利益目的で起きることが多いので「ムシ型」であるのに対し、日本は組織の利益目的で起き個人の顔が浮かび上がってこないので「カビ型」だと。面白い比喩ではないでしょうか。

　同社の特別調査委員会が真因に挙げたのは「みんなでクルマをつくっていないこと」「世の中の変化に取り残されていること」「業務をマネジメントする仕組みが軽視されて

いたこと」（傍点は引用者による）でした。

夢と戦略を持ち、かつコミュニケーションと風土を大切にして危機感を共有する組織とは正反対の姿がそこから浮かび上がってきます。

同社の例を持ち出すまでもなく、組織は放っておくと腐り始めます。ではどうしたら腐らずに生き生きとするでしょうか。

少し長くなりますが、この調査報告書を再び引用してみましょう。

当委員会は、「みんなでクルマをつくっていないこと」を本問題の真因の一つとして挙げた。部署の垣根を越えて、◯◯が目指すべきクルマづくりのあり方について、とことん議論すべきである。そのような議論の場があればこそ、各役職員が、◯◯が目指すべきクルマづくりを実現するためには、組織、開発プロセス、人員配置と人事制度、ひいては営業戦略や事業展開はどうあるべきかを自分の頭で考えることにも繋がる。議論する場は一度設けただけでは効果に乏しい。継続的に、またメンバーの部門、性別、年代、役職に変化があるように工夫した上で、このような議論の場を設け続けることも必要であろう。このような議論は、開発プロジェクトの中においても、継続的に行うべきである。例えば、開発目標値をどのように設定するのか、その達成のためにはどのような技術的な課題を克服しなければならないのか、その克服のために何がトレードオフされてしまうのか、そのトレードオフを受け入れて良いのか、トレードオフによって犠牲にされたものをどうフォローアップするのかなどを、開発プロジェクトに参加する各部署のメンバーが、侃々諤々《かんかんがくがく》の議論をすることである。場合によっては、この議論に品質保証部門、商品企画部門、生産部門が加わることもあるであろう。コストや商品性、品質管理や生産管理のしやすさも、そう簡単に犠牲にできないものだからである。そして、最後の決断をするのはプロジェクトの責任者であり、場合によっては開発部門を所管する役員なのであろうが、その決断に至るまでの侃々諤々の議論を経ていれば、議論に参加した全ての者がその決断の重さを十分に理解し、尊重し、その実現に向けて自分の役割を果たそうとする決意に繋がるはずである。みんなが誇りを持って自分の役割に取り組むこと、これがみんなでクルマをつくるということである。（傍点は引用者による）

▼組織活性化の法則

組織を活性化するには法則があります。一つにはビジョンと夢が組織にあることです。これはワクワク感を醸し出します。三年後の自分たちはこうなっている。五年後の私たちはああなっているということです。

二つ目には組織のメンバーそれぞれに居場所があり、存在感を示せるということです。そのためには情報は共有されなければなりません。孤独や孤立は活性化の敵です。

三つ目は組織がぎすぎすせず穏やかで、上下左右の人間の間で信頼関係が築かれていることです。そのために私が推奨しているのが社内運動会や社内ハイキング、社内同好会の活動です。法定労働時間を踏まえると、平均して一日の四分の一は会社の仲間と過ごしている計算になります。会社の枠を離れて彼ら彼女らと付き合う時間が増えるほど、互いの人間性を傷つけることは少なくなります。たとえ職場で議論が沸騰しても、最後の一線を超えることはありません。これは組織の課外活動がもたらすお祭り効果です。インフォーマル色が強いのが特色です。

そうはいっても緊張感は持たなければなりません。黙って静観していると会社は潰れるという危機感は肝に銘じておく必要があります。

そこでもう一度、引用した調査報告書を見てください。

〈みんなでクルマをつくる〉というのはビジョンと夢に関わります。

〈とことん議論し、継続的に議論の場を設け続ける〉というのはコミュニケーションと情報共有のことを指します。

〈自分の役割を果たす〉というのは自己存在感のことです。

この調査報告書は、社内運動会などに象徴される課外活動・社内イベントの効果には触れていません。不正行為の原因究明と再発防止が目的ですから当然といえば当然です。

ただ、組織を活性化し風土を変えるためには、上司と部下の固定した関係を逆転させる活動も必要です。仕事を離れてインフォーマルに付き合うことで、上司と部下のしがらみからいったん離れることができます。それが徐々に効果を現し、仕事を頼みやすくなったり、相談を持ち掛けやすくなったりするわけです。私もサラリーパーソンだったころ、社内スキーツアーを企画し、そこで知り合った別の部署の社員たちに後からずいぶん助けられた経験があります。顔なじみ効果です。

▼和ではなく積

人が集まれば組織は強くなる。そんなことはありません。

「三人寄れば文殊の知恵」は、経営組織論では幻想にすぎないのです。共通の目的がなく、守るべきルールもなく、貢献意欲がない人が集まっても何も生まれません。

組織には大きく二つのタイプがあります。規模型と創発型です。

規模型は少品種大量生産の重厚長大産業で見られた生産量を重視する組織です。加算効果が大きく、〈三人の力〉と〈三人の力〉と〈二人の力〉が合わさったら、それぞれを足した八人分の力となるというものです。力仕事をイメージしてみてください。

これに対し創発型は、それぞれ異なった能力や得意技をもった三つのグループがあり、各グループの〈三人の力〉と〈三人の力〉と〈二人の力〉が合わさると単純に足した八人分の価値ではなく、〈三人×三人×二人〉の十八倍の価値が生まれるというものです。乗算効果（シナジー）といわれます。規模型は「こなしていく組織」、創発型は「生み出していく組織」と呼ぶことができます。自分の所属する組織がどちらのタイプか、もしくはどちらのタイプが強いかを知ることは大切です。創発型組織にみられる高度な専門人材は雇用時のミスマッチも相まって流動化する傾向が強く、適した仕事や評価が低いと貢献意欲や危機感が希薄になりがちだと指摘されています。

経営組織論で有名な言葉があります。

近江商人の流れを継ぐ探検家・科学者の西堀榮三郎《にしぼりえいざぶろう》の言葉です。

「組織は和ではなく積で強くなる」です。

もう一つは「組織のために人間がいるのではなく、人間のために組織がある」です。こちらは作者不明です。「滅私奉公」ではなく「活私奉公」といわれています。

二つの言葉の奥にあるのは、能力や資質の異なる人間が共通の目標を持ち一緒に努力することの重要性です。

▼問題常在

では組織が強くなるためには、どんな共通目標の下で、どの程度の努力を一緒にすればよいのでしょう。

少し古くなりますが、チーム編成と生産性の関係を探った一九八三年の研究がありました。それによると、寄せ集めの集団は、七人でも五人分ほどの仕事しかできませんでした。同じタイプの人材を集めた同質型の集団では、六人のときに最大のパフォーマンスを発揮して十人分を超える仕事をしました。互いの仕事を補うタイプの人材を集めた補完型の集団では七〜九人の時に全体で四人プラスの十一〜十三人分の仕事をしました。
この研究から分かることは、集団に所属するメンバーの特徴と数によって生産性が大きくことなることがあるということです。ここに組織の難しさと面白さがあります。

結論を言います。

完成した組織は存在しないということです。

組織は常に問題を抱えています。その問題を見いだし、カイゼンの努力を続けているのが強い組織です。

問題も悩みもない組織は成長のない組織です。それは人も同じです。誰もが人生の間、ずっと問題を抱えています。あの時しか味わえない問題。その時しか体験できない問題。

そうしたことばかりです。むしろ問題はあると受け止めて、前向きになることで組織も人も強くなります。ぶーたれていては弱くなるばかりです。

組織が強いかどうかを簡単に見分ける方法があります。

中間管理職が生き生きとしているかどうかを見ればいいのです。課長がエネルギッシュで闘争心にあふれていれば組織は強いです。彼ら彼女らこそ経営陣と現場をつなぐリエゾン（調整役）です。上と下の橋渡し役を担う組織のエンジンでもある課長が弱れば、組織は崩れ始めます。課長がやりがいを感じ、組織への愛着が揺らがなければ、従業員満足度と顧客満足度は向上するでしょう。業績は自然とそれに付いてくるはずです。そのとき、組織風土は大きく改善されているに違いありません。

組織風土や企業理念は外からではなかなか見えません。社員の意識や企業体質・DNAは分かりにくいからこそ、不祥事の発覚により明らかになることが多いのです。気づいたときには手遅れだったとならないために、組織の夢と戦略は常に確認しなければなりません。

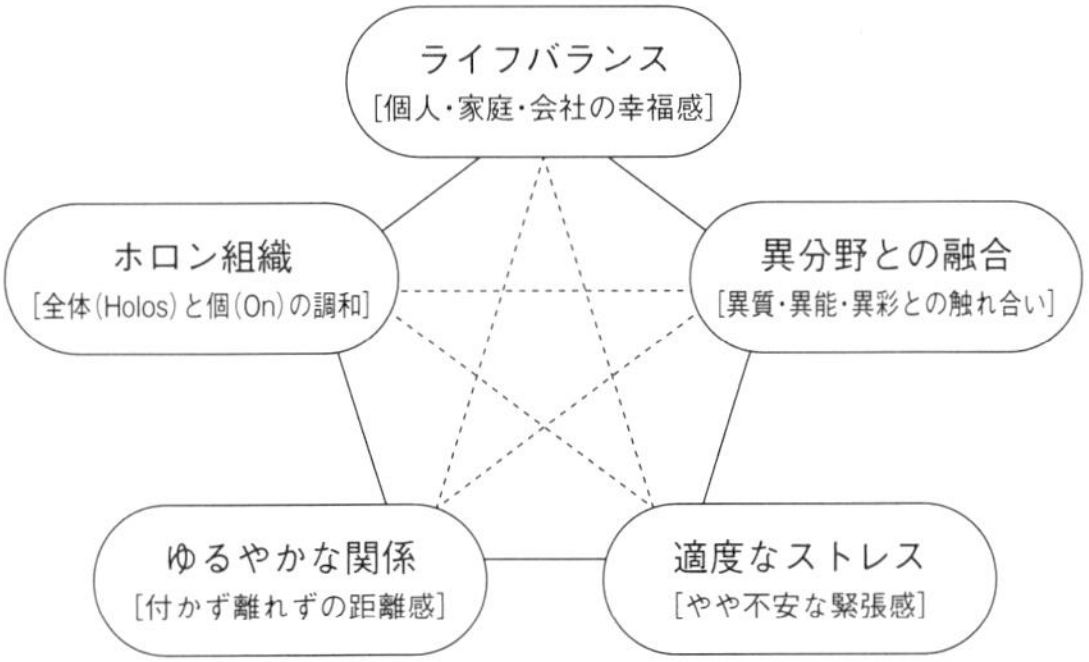

図2-1　生き生きとした職場と風土を形成する要素の例

表2-1 モチベーションとコミットメントの特徴の違い

モチベーション (motivation)	コミットメント (commitment)
短期的なやる気	中長期的なやる気
・目標達成のために高いレベルの努力をする意志	・目標達成のために試行錯誤し最後までやり抜く意欲
・目標を認識し、その実現のために行動を起こす動機づけ	・信念を持って傾倒すべき約束事、あるいは遂行・達成責任

表2-2 リーダーとマネージャーの特徴の違い

リーダー	マネージャー
未来志向でよいことなら周囲を納得させて実行 to do the **right** things	言われた通り、定められた通りに実行 to do the things **right**
break through 人間・突破者／transformational 人間・改革者	transactional 人間・取引者
先進的…現状打破・否定	前例中心…現状肯定・維持
明日は今日の改革（効果追求）	今日は昨日の改善（効率追求）
質問は「何を」「なぜ」が中心	質問は「いつ」「どこで」が中心
変革者	管理者

第三章　［カネ］会計、経営分析

次はカネを扱う「あんパン経営学」です。具体的には財務会計・経営分析論、管理会計・損益分岐点を見ていきます。

▼決算

決算はまず、一定期間の売上で得られた収益から経費などを差し引いた差額の収益を計算します。続いて決算日時点の資産、負債、純資産の状況を把握します。これらの手続きを決算といいます。上場企業などに作成が義務付けられている決算書の財務諸表のうち、損益計算書（P／L、profit & Loss Statement）、貸借対照表（B／S、Balance Sheet）、キャッシュフロー計算書（C／F、Cash Flow Statement）の三つは特に「財務三表」と呼ばれ、経営実態を測る有用な物差しとして重視されます。

これらはそれぞれに特長があり、互いに深く関係しています。

損益計算書は企業が一年間（事業年度）でどれだけ成果を上げたのかを表します。貸借対照表は決算日（期末時点）における資産の運用状況（所有資産内容）とその資金調達先を示します。この二つは「企業の通知表」と呼ばれたり、「企業の健康診断票」と呼ばれたりすることがあります。

バブル経済が崩壊した一九九一年以降、それまで重視されていた損益計算書の重要性の比重が下がり、企業の安定性や健全性を表す貸借対照表、現金残高の流れを示すキャッシュフロー計算書の比重が高まりました。

「企業の健康診断票」といわれてもピンと来ないかもしれません。

貸借対照表を毎年一回実施される定期健診（通常は決算日です）とみなしてみましょう。体重や身長など外部から見える体格は「資産」となり、外部からは見えない臓器などが深く関わる体調は「負債および資本」と考えられます。損益計算書は前回の定期健診から現在までの一年間にカロリーをどれだけ摂取して、どれだけ消費したかを示しています。

▼連結決算

上場企業に原則義務付けられている連結決算は、法改正で二〇〇〇年三月期決算から導入されました。親会社と連結決算の対象となる子会社や関連会社すべての財務状況を一つにまとめたものです。

この連結決算により、企業グループ全体の経営状況が明確になり、投資家の意思決定に役立つ情報を提供することができます。法改正前は、親会社単体による決算が一般的でした。単体決算だけでは、親会社が業績悪化を知られないために、子会社や関連会社に赤字を付け替えたり、土地や有価証券を意図的に子会社へ譲渡したりする利益の不正操作が見られました。大企業に対する連結決算の義務化により企業の透明性は高まり、「健康診断票」の信ぴょう性も高まりました。

実はこの連結決算は企業評価を実施する世界共通の物差しで、投資家にとっては大切な判断材料となっています。連結財務諸表は次のような報告書で構成されています。

連結損益計算書（連結P／L）
連結貸借対照表（連結B／S）
連結キャッシュフロー計算書（連結C／F）
連結剰余金計算書（連結S／S、Surplus Statement）

このほか、企業の事業分野や地域分野ごとの業績である「セグメント情報」を作成する必要があります。

▼財務三表

財務三表の基本的な見方をおさえておきましょう。

これは損益計算書のイメージです。（図3－1）＝101ページ＝のようになります。

売上高で事業活動の大きさが分かります。

利益は売上総利益、営業利益、経常利益、税引前当期利益、当期利益があります。基本は売上高から（段階的区分）費用を差し引いた金額です。

売上総利益は、売上高から商品の原価を引いた利益のことで、粗利《あらり》、粗利益《あらりえき》ともいいます。営業利益は企業が本業で稼いだ利益のことです。売上総利益からさらに販売費および一般管理費（販管費）を差し引いて計算するのが特徴です。

経常利益は、企業が通常の業務で得た利益のことです。本業のもうけである営業利益に有価証券の売買損益などの営業外収益を加え、金利などの営業外費用を差し引いて計算します。「財テク」も含め企業全体として取り組んだ活動の結果であり、企業の実力が分かる指標です。

税引前当期利益は、経常利益に特別利益を加え、そこから特別損失を引いた利益のことです。

最後の当期利益は法人税等を差し引き、最終的に企業の手元に残る利益のことをいいます。

これらの説明を図にすると（図３－２）＝１０１ページ＝になります。

▼貸借対照表

次は貸借対照表です。

貸借対照表は、資産、負債、純資産を表示する決算書です。（図３－３）＝１０２ページ＝を参照してください。

資産は、大きく流動資産、固定資産、繰延資産の三つに区分されます。（図３－４）

＝102ページ＝を参照してください。

流動資産は、現金や預金、売掛金など一年以内の現金化が可能と思われる資産です。固定資産は、一年以内に現金化する予定のない土地や建物、特許権などです。繰延資産は、すでに支払ったものの、経済的効果が将来にも及ぶ開業費や研究開発費などが該当します。

負債は、借入金など他人から集めてきたお金のことを指し「他人資本」とも呼ばれます。負債も資産と同じように流動負債と固定負債に分かれ、返済期限が一年以内の負債が流動負債、返済期限が一年を超える負債が固定負債です。

純資産は返済する義務のない資産のことです。貸借対照表では右側の下段に記載され、純資産の総額は「資産引く負債」の額と一致します。

つまり、（図3－4）＝102ページ＝のようにまとめることができます。

資産より負債の方が大きくなった場合、企業はどうなるでしょうか。「債務超過」と呼ばれる状態です。すべての資産を借り入れの支払いに充てたとしても弁済できない状態です。企業としては経営危機に見舞われていると言っていいでしょう。

もちろん資金繰りができれば、経営破たんは避けられるかもしれませんが、経営状態が好転しなければ銀行からの融資は受けにくくなります。東京証券取引所で二〇二二年四月に市場区分が見直され、一部と二部はなくなりました。それまでは上場企業はふつう、債務超過で一部から二部へ指定替え、二期連続債務超過で上場廃止になっていました。

▼キャッシュフロー

キャッシュフローへ話が移る前にお金の価値について考えてみたいと思います。

お金の価値はいつ手元にあるかで大きく異なります。例えば今日手にできる百万円と三年後に手にできる百万円を比べるとよく分かります。

・今すぐに使える。
・今使わなくても、使いたいときまで取っておける。
・誰かに貸せば金利分がもうかる。
・確実性の金融商品に投資すればもうかる。

このように理由を次々と挙げていけば、今手元にあるお金の方に価値があるということになります。これは「キャッシュ（現金）の時間的価値」と呼ばれます。

では本題に入りましょう。

キャッシュフローは資金の社内流入分（キャッシュイン）と資金の社外流出分（キャッ

シュアウト）の総称でふつう、両者の差額であるネット・キャッシュフローのことをいいます。一般的に表現すれば「資金繰り表」のことです。

つまり、（キャッシュフロー）＝（キャッシュイン）－（キャッシュアウト）です。

企業が顧客に請求書を出しても売掛金《うりかけきん》として計上されているだけです。実際に顧客から入金があって初めてキャッシュインとなります。そして貸借対照表の流動資産にある売掛金は、この時点で現金に変わります。同様に物を買っても支払いをしなければ社外へ現金が流出しないわけですからキャッシュアウトとはなりません。キャッシュアウトになるのは実際に支払いをした時点です。

キャッシュフロー計算書は企業の活動を三つに分けてキャッシュの出入りを示します。具体的には「営業キャッシュフロー」「投資キャッシュフロー」「財務キャッシュフロー」です。金融商品取引法が適用される上場企業などに作成が義務付けられています。

一方、中小企業をはじめすべての会社に適用される会社法には作成義務の規定はありません。個人事業主も作成する義務はありません。

とはいえキャッシュフローを調べることは、企業が資金不足になっていないかどうかを正しく把握できるメリットがあります。キャッシュフロー計算書の作成に当たっては一般的にごまかしや粉飾が難しいうえ、資金調達の評価に利用できることから、作成すること自体にメリットがあるといっていいでしょう。

財務会計の骨格と経営分析のベースは理解できたでしょうか。

▼管理会計・損益分岐点

会計（Accounting）は、会社に関連する取引・事象を数字にして記録することです。すでに説明した貸借対照表や損益計算書などの「財務会計（Financial Accounting）」と、これから話す「管理会計（Managerial Accounting）」があります。

英単語を見れば分かるかもしれません。管理会計は経営者が企業をマネジメントするためのものです。会計によって企業の現在の状態を把握し、将来の変化を予測するのが目的です。経営の意思決定やかじ取りには欠かせない会計です。ただ、作成が義務付けられていないため欧米に比べると日本では普及がいま一つです。これに対して財務会計は、企業外部のステークホルダー（利害関係者）に企業の財政状態と経営成績を開示するのが目的です。決算を確定し、税金を納めるときの算出基礎になるため作成の義務があります。

両者の違いがはっきり出るのは、損益計算書の費用の把握方法に関してです。

財務会計では、製造部門か営業部門か、それとも本社管理部門かなど費用が発生する場所によって「製造原価」「販売費」「一般管理費」といったように費用が分けられます。一方、管理会計では、発生する費用は売上に比例して発生するものか、売上に関係なく発生するものかによって「変動費」または「固定費」かに分けられます。

両者の違いをまとめると（表3－1）と（表3－2）＝いずれも103ページ＝のようになります。

このように、損益計算書には報告が義務付けられている決算時の財務会計ベースのものと、社内用の管理会計ベースのものがあります。

難しくありませんので、それぞれの表を見てみましょう。

さらに財務会計と管理会計の費用把握と分類内容をまとめると表3－3のようになります。

こんどは費用の分類構造を図に示します（図3－5）＝105ページ。

管理会計ベースの損益計算書の表で聞きなれないＤＣ（Direct Costing）の言葉が出て

きました。直接原価計算のことです。販売量をベースとしたコスト計算です。経営活動に伴う原価を変動費（variable costs）と固定費（fixed costs）とに分け、売上高から変動費である直接原価を控除して貢献利益（contribution margin）をはじき出し、この貢献利益から固定費である期間原価を控除した（期間）利益を算定します。

例えば数期にわたって販売量（売上高）と変動単価、固定費が一定だとすると、管理会計では販売量は横ばいで変わらないため、売上高についてもコストについても一定となり、併せて利益も一定となります。

では財務会計ではどうでしょうか。

販売量が一定でも生産量を増やすと在庫が増え、当期のコストは低くなり、その分見かけ上の利益が増えます。

第一章でも述べたように、経営者にとって大切なことの一つは事業や経営活動を継続していくことです。その指標となるのが損益分岐点です。収支が釣り合う販売量または売上高を指します。事業継続に必要な売上高がはっきりすることにより、経営目標や経営のかじ取りが浮き彫りになってきます。

ここから計算式が出てきます。算数のレベルで理解できますので心配しないでください。

商品の平均売値をＰ、販売量をＱとします。売上高はＰＱとなります。変動比率（売値に占める変動費の比率）をｖとすると、商品の単位当たりの変動費はｖＰとなり。変動費の総額はｖＰＱとなります。

売上高（ＰＱ）＝変動費（ｖＰＱ）＋固定費（Ｆ）で、収支トントンとなるわけです。

これは「PQ（1－v）＝F」と書き換えられ、次に「PQ＝F／1－v」と書き換えられます。

PQ＝vPQ＋F
↓
PQ（1－v）＝F
↓
PQ＝F／（1－v）

この結果、損益分岐点における売上高は、「固定費÷（1－（変動費／売上高））」となるわけです。

この数式において固定費が大きくなればなるほど、収支のつり合いは崩れ、企業は赤字に転落してしまいます。

（図3－6）＝105ページ＝は、下りエスカレーターを駆け上がろうとする人の様子から損益分岐点と企業の関係を示しています。この人が一年前と同じエスカレーターの高さにいれば、一年間の固定費と付加価値は同じになります。もし一年前より高い位置にいればそれだけ利益を生んだことになり、逆に一年前より低い位置にいればそれだけ損失を出したことになります。

ここで重要なのは、何もしなければ固定費の分だけ確実に赤字になるということです。下りのエスカレーターはできるだけ駆け上がらないと元いた場所に連れ戻されてしまいます。場合によっては下階の床面で転倒を余儀なくされる恐れもあります。

第三章は論理的思考力が試されることになったかもしれません。

図３－１　損益計算書の概念図

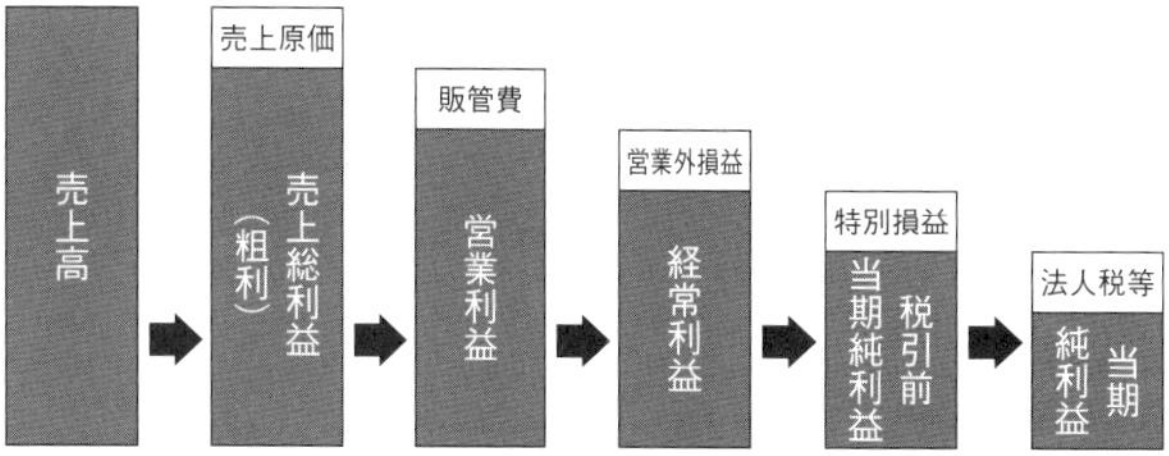

図３－２　売上高から当期純利益に至るまでの概念図

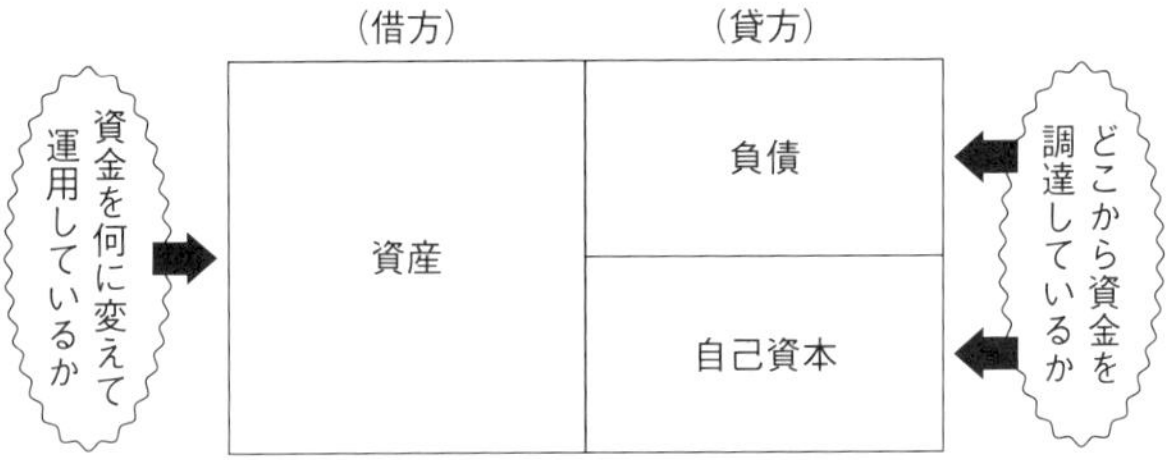

図３－３　貸借対照表

図３－４　貸借対照表

表3－1 財務会計ベースの損益計算書

科目	内容
1. 売上高 2. （－）売上原価	←販売収入総額 ←製造（仕入）原価
3. 売上総利益 4. （－）販売費・一般管理費	←粗利益（事業自体のマージン） ←営業部門・管理部門・R & D 部門等の費用
5. 営業利益 6. （＋）営業外収益 7. （－）営業外費用	←基本収益（事業直接のもうけ） ←受取利息等（事業以外の収入） ←金利等（事業以外の費用）
8. 経常利益 9. （＋）特別利益 10. （－）特別損失	←実力収益（活動全般のもうけ） ←異例の取引によるもうけ ←異例の取引による損失
11. 税引前当期純利益 12. （－）法人税・住民税	←税前収益 ←決算後2カ月後に支払う
13. 当期純利益	←最終利益

表3－2 管理会計ベースの損益計算書

科目	内容
1. 売上高 2. （－）変動販売費 3. （－）変動製造費	←販売収入総額 ←販売収入によって変動する販売費用 ←販売収入によって変動する製造費用
4. 限界利益	←販売収入に連動する貢献利益
5. （－）労務費 6. （－）減価償却費 7. （－）賃貸料 8. （－）その他固定費	販売収入に関係なく、その期間内で固定的に発生する費用
9.DC（Direct Costing）利益	←当期事業活動による利益

表3－3　管理会計と管理会計の費用把握と分類方法

◎通常該当する　○該当する場合が多い　△該当する場合もある

勘定項目	財務会計			管理会計	
	製造原価	販売費	一般管理費	変動費	固定費
1. 販売手数料		◎		◎	
2. 荷造発送費		◎		◎	
3. 運賃・運搬費		◎		◎	
4. 保管費		◎		◎	
5. 見本費		◎		◎	
6. 原材料費	◎		○	◎	
7. 業務委託費	○	◎	◎	◎	
8. 水道光熱費	◎		○	◎	○
9. 広告宣伝費		◎		○	◎
10. 資産賃借料			◎		◎
11. 修繕費	◎		○		◎
12. 減価償却費	◎	○	○		◎
13. 保険料			◎		◎
14. 租税公課（事業税）			◎		◎
15. 消耗品費	◎	◎	◎	○	◎
16. 交際費		◎	○	△	◎
17. 労務費	◎	◎	◎	◎	◎
18. 旅費交通費	○	◎	○	○	○
19. 通信費	◎	◎	◎	○	○
20. 雑貨	◎	◎	◎	○	○

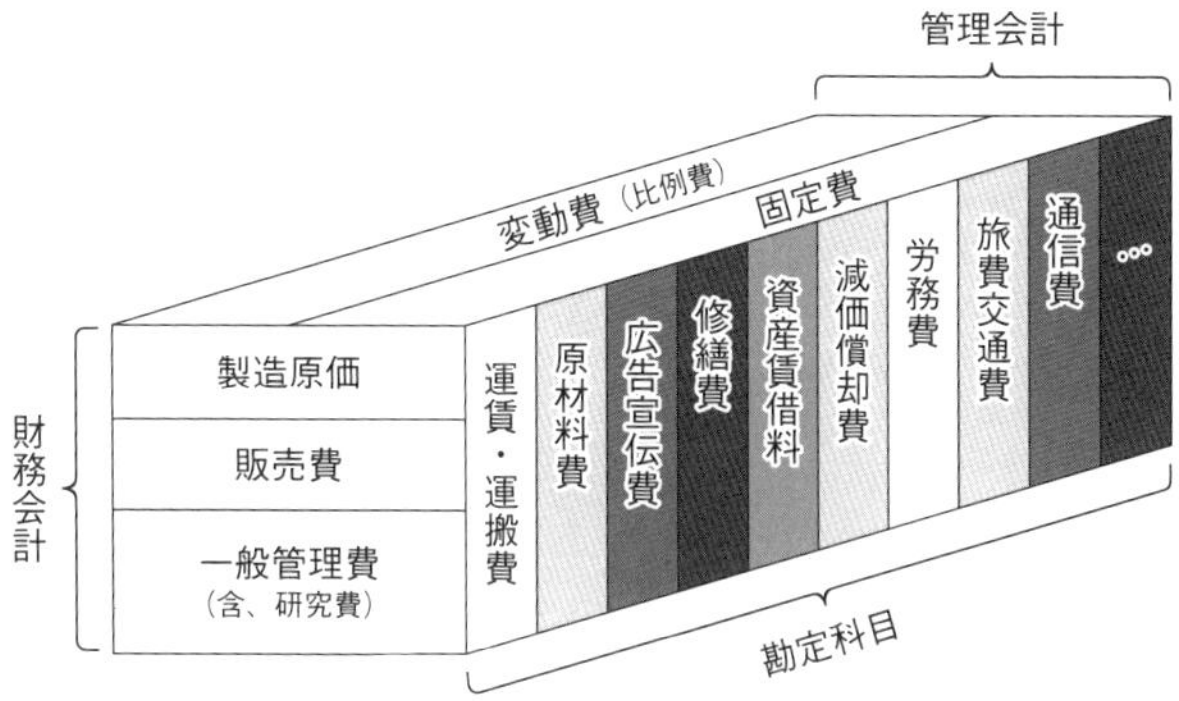

図３－５　費用の分類構造

図３－６　経営の本質は下りエスカレーターを駆け上がる人の姿でイメージできます

第四章　［モノ］マーケティング、生産性

四大経営資源であるモノ（資材）について、マーケティングと生産性・カイゼンから見てみましょう。

▼マーケティングとセールス

マーケットは市場のことです。市場はお客が集まる場所です。お客によって市場は出来ているといえます。marketの語源は、「売買する」という意味の「mercor」と、「こと」を意味する「tus」から出来ています。このmarketにingを付けて動名詞にするということは、売買の動きを見ていくということです。つまり、売買するお客の動きを見る、動向を見ていくということになります。歩くのwalkにingを付けて、歩くことを見ていく、つまり歩き方という意味になるのと同じです。

ですからマーケティングでは、お客は誰なのかということを確認し続けることが重要です。いったいどのお客に、どのサービス・商品を、どうやってお届けするかが、マーケティングの目的となります。

マーケティングとセールスの違いを販売面から考えてみましょう。

マーケティング（marketing）は言葉の通り、market（市場）を中心に置いた販売活動です。それに対し、セールス（sales）は自社に中心を据えた販売活動です。顧客に対してセールスは一方向（ワンウェイ）であり、マーケティングは双方向（ツーウェイ）の関係であるといえます。

マーケティング研究の第一人者であるフィリップ・コトラーはマーケティングについて「顧客との交換というプロセスを通して、ニーズ（必要性）とウォンツ（欲求）を満たすことを意図する人間の活動」と定義しています。

米マーケティング協会はマーケティングの定義を定期的に見直しています。二〇一七年に承認された最新の定義は「顧客、取引先、パートナー、社会全体にとって価値のある製品を創造し、伝達し、提供し、交換するための活動、一連の制度、プロセスです」

としています。

日本マーケティング協会が一九九〇年にまとめた定義によりますと、「マーケティングとは、企業および他の組織がグローバルな視野に立ち、顧客との相互理解を得ながら、公正な競争を通じて行う市場創造のための総合的活動である」となっています。定義をまとめるために協会が設けた委員会は「マーケティングとは何かについては、人によって受け取り方にはかなりの相違がみられる。特に、マーケティングとセールスを同じだとみるむきもあれば、市場調査だとするものもある。これはマーケティング誕生のアメリカにおいても、他の諸国においても例外ではない。さらに歴史的にみると、同じマーケティングなる言葉の使い方にも時代的変化がみられて今日に至っている」と定義に至る背景について説明しています。

▼相違点

一見混同されがちなマーケティングとセールスの違いを表にまとめてみると、違いがよく分かります。（表4－1）＝139ページ＝を参照してください。

マーケットインは、市場調査の結果をもとに顧客のニーズやウォンツを把握し、顧客の欲しいものを優先して製品を市場に送り出すことです。プロダクトアウトは、自社の技術や経営方針を基準にサービスや製品を開発したり生産したりすることです。簡単に両者の優劣を付けられないことに注意が必要です。新しい需要を開拓するのはプロダクトアウトの方であると一般的にいわれています。

それでもマーケティングの考え方や手法は重要性が加速度的に高まりました。二十世紀末に起きたＩＴ革命が原因です。インターネットを通して世界中の情報を手軽にかつ低コストで入手できるようになったことから、消費者は商品の知識も選別力も以前とは比べものにならないほど、広く大きくなりました。企業は顧客のニーズをできるだけくみ取り、顧客満足度（ＣＳ＝customer satisfaction）の高い製品やサービスを提供しなければ生き残れなくなったからです。

▼顧客の区分

マーケティングでは顧客のセグメント（区分）を五つに分けることが少なくありません。

①見込み顧客…取引を検討している客または潜在的需要のある未取引の客
②新規顧客…初めての取引客または未取引期間が長く、過去に取引実績のある客
③既存顧客…複数回の取引実績のある客
④得意顧客…かなりの頻度で取引（購入）があり、一回当たりの取引額（購入額）も大きい客
⑤ロイヤル顧客…厚い信頼を寄せていて、価格などによって他社製品・サービスに簡単に乗り換えることはない客

こうした顧客に対して、企業がどのような姿勢で臨むかはマーケティングでは極めて重要です。（図4－1）＝139ページ＝のように、レベル1からスタートしてレベル5ま

で引き上げていくのが理想です。


レベル1は、顧客に製品・サービスをただ単に提供している段階です。

レベル2は、顧客のクレームがない段階です。

レベル3は、顧客のニーズを満たしている段階です。

レベル4は、顧客が製品・サービスに心を動かされ感心する段階です。

レベル5は、顧客が製品・サービスに深く感動し、うれしさであふれていて、ほぼ「信者」に近い段階です。


マーケティング戦略で基本的なものを紹介しましょう。

▼3C

3Cによる分析は、顧客（Customer）、自社（Company）、競合他社（Competitor）、の視点から市場を分析します。自社の事業領域や活動範囲である事業ドメインを決めるのに欠かせない手法です。顧客➡自社➡競合他社の順番で分析を続けることにより、重要成功要因（ＫＳＦ＝Key Success Factor）」を掘り下げることができます。「顧客は誰か」「顧客は何を求めているか」「自社のウリは何か」の三つの軸を見ていくことで、事業ドメインは自社がすでに生産してきた製品・サービスではなく、市場を対象に絞らなければいけないことが分かります。そうしないと、市場の変化に取り残される恐れがあります。

こんな例があります。ある写真フィルムメーカーがデジタルカメラの出現によって危機に見舞われたとき、写真フィルムの主原料が肌の弾力に関係するコラーゲンで、カラー画像を制御する薬品の化学構造が医薬品の構造に似ていたことなどから、化粧品・医薬品事業に乗り出して難を切り抜けました。事業ドメインは「写真フィルムの製造・販売」の代わりに「ヘルスケア、マテリアルズ、ビジネスイノベーション」などと定義することにより、この写真フィルムメーカーは勝ち残りました。

フィリップ・コトラーが提唱したＳＴＰは、市場における自社製品の競争優位性を築くために、市場を細分化して標的の市場を選び、競合相手との差別化を図るのが目的です。Segmentation（細分化）、Targeting（ターゲット選定）、Positioning（ポジショニング）がキーポイントとなります。

▼基本要素の４Ｐ

４Ｐによる実行プランがあります。

４Ｐは、Product（製品・商品）、Price（価格）、Place（流通）、Promotion（販売促進）を指し、これらはマーケティング戦略の基本要素です。４Ｐを組み合わせることをマーケティングミックスといいます。売れるモノを、売れる価格に設定し、売れる場所に置き、売れる手段で顧客に買ってもらうということです。（図４－２）＝１４０ページ＝を見てイメージしてください。

マーケティングミックスにおいてProductは、標的にした市場の品揃えをどうするかということになります。Priceは、自社製品における価格の差別化、競合他社の製品に対する価格優位性について検討し、顧客に価値を示すことです。それは同時に自社の利益を確保することになります。Placeは、最終消費者までの経路や販売チャンネルの設定を決めることです。Promotionは、自社製品をどう売るか、どう顧客に伝えるかということです。ＰＲ活動、広告活動、マスメディア以外の手段を使ったＳＰ（セールスプロモーション）活動、セールス活動の大きく四つに分かれます。

業界における市場占有率（マーケットシェア）によってマーケティング戦略は変わってきます。市場占有率が業界トップの企業をリーダー、業界二位をチャレンジャー、業界三～五位をフォロワー、ニッチ市場で事業を展開する企業をニッチャーといいます。

それぞれに特性があります。

リーダーはトップシェアを確保しているため製品のグレードをアップしたり品種を増やしたりする戦略を取りやすいといえます。

チャレンジャーはリーダーとの直接対決を避け、リーダーが不得意だったり手掛けていなかったりする分野に進出するなどの差別化戦略を取ることが多いといえます。

フォロワーは、リーダーと価格競争をした場合、自社の体力を消耗させるばかりか、業界全体の力を落とすことになるため、通常、リーダーのコピー品を生産し、追随する戦略を取ります。

ニッチャーは、リーダーからフォロワーまでが活動していない市場で、限られた経営資源を集中させ、ブランド力や専門性を高めます。

自社が市場でどのような立ち位置にいるかを調べるために利用するのがクープマン目

標値です。米国の数学者B・O・クープマンが導き出したものです。市場占有率と一緒に参照することで、競合他社のポジションもはっきり見えてきます。それによると、目標とする占有率に応じて「独占市場シェア」「相対的安定シェア」「市場影響シェア」「並列的上位シェア」「市場的認知シェア」「市場的存在シェア」「市場橋頭堡《きょうとうほ》シェア」の七つに区分されます。

独占的市場シェアは、独占的寡占型とも呼ばれ、シェア率が七三・九%を超えている状態を指します。独占的市場シェアに位置する企業は優位独占の状態で、業界をコントロールでき、短期間で他社とトップが入れ替わる現象が起きにくいといえます。相対的安定シェアは、安定目標値とも呼ばれ、シェア率四一・七%を超えている状態です。シェア率四〇%は多くの企業により安定的トップシェアの目標に挙げられています。実質三社で競争を繰り返している市場では、四一・七%を上回る企業は優位な立場となり、業界トップシェア企業として事業展開が安定的にできるようになります。

市場影響シェアは、シェア率が二六・一％を上回る状態を指します。市場影響シェアを持つ企業は、他社との競争・競合状況を脱して、市場に影響を与える立場であると考えられます。並列的上位シェアは、シェア率が一九・三％以上ある状態です。シェアトップの企業が一九・三％である場合、複数の企業が張り合っており、どの企業も安定したトップの位置を確保できていないといえます。

市場的認知シェアは、シェア率が一〇・九％以上の状態です。影響目標値とも呼ばれます。顧客から認知され、競合他社からも認識されている目安数値です。これを下回る企業は、消費者や競合他社からほとんど認知されていないと言っていいでしょう。市場的存在シェアは、シェア率が六・八％以上である状態です。存在目標値とも呼ばれ、市場で存在が許される目安の数値です。これ以下の数値は、企業の市場撤退や経営破たんのリスクを検討しなければなりません。

市場橋頭堡《きょうとうほ》シェアは、シェア率が二・八％以上ある状態を指します。橋頭保は軍隊が前進するための拠点を意味し、市場橋頭堡は他社の競争相手にはならないものの、市場参入の足掛かりを得た状況だといえます。（図４－３）＝１４０ページ＝に示した通りです。

▼消費者の無意識行動

最後にＡＩＤＭＡ《アイドマ》の法則を取り上げましょう。

消費者の購買までの行動を心理的プロセスとして示したものです。この法則によると、消費者が物を購入するときには、注意➡興味➡欲求➡記憶➡購入の流れを無意識に実行しています。

注意はAttentionで、製品を知ることです。興味はInterestです。欲求はDesireで製品を欲しいと感じることです。記憶はMemoryで、製品やブランドを記憶することです。購入はActionで実際に購入することです。これらのプロセスを示す言葉の頭文字を一つずつ取って、ＡＩＤＭＡとなったわけです。

ＡＩＤＭＡの法則は、大きく分けるとAttentionの認知段階、Desireの感情段階、Actionの行動段階という三つのプロセスになります。

インターネットの普及と定着により、消費者行動プロセスは変わりました。ＡＩＤＭＡの法則にあった「Desire（欲求）」や「Memory（記憶）」の代わりに「Search（検索）」「Share（共有）」に重点を置いたＡＩＳＡＳ《アイサス》の法則を、広告代理店の電通が提唱しています。それによると、注意⬇興味⬇検索⬇購入⬇共有の流れになります。ＳＮＳを愛用するＺ世代は、製品に対する情報の共有や共感を重視する傾向があることから、検索をしながら興味を深め、さらに共有・共感・動機付けを進め、購買に至るケースが少なくありません。このためＡＩＳＡＳをやみくもに適用すればいいというわけではありません。

市場や消費者行動の変化によって、マーケティング理論も絶え間ない見直しや進化が必要です。

モノを生産性の観点から見ていくとカイゼンが必要かどうかが分かります。

そもそも経営の神髄は限られた経営資源を最大限に活用することです。そのためには「生産量」を増やすだけではなく、効率と効果を合わせた「生産性」を高める必要があります。生産性向上のポイントとカイゼン方法を理解することにより、働き方改革やコストダウン、品質向上を加速させることができます。

カイゼンは「生産性」を高めるための世界共通語です。製造業の工場で進められる効率や安全確保を見直す活動です。現場の作業員が主体的に意見やアイデアを出し合い、作業の無駄や問題点を独自に洗い出し、それらを改善するのが特色です。

▼トヨタ式カイゼン

よく知られているのがトヨタ式のカイゼンです。それは効率化を阻む製造過程の要素について、次のように七つにまとめています。

①加工のムダ
②在庫のムダ
③造りすぎのムダ
④手持ちのムダ
⑤動作のムダ
⑥運搬のムダ
⑦不良・手直しのムダ

頭文字を取って「かざってとうふ（飾って豆腐）」と覚えることができます。七つに共通するのは、従来の仕事のやり方が本当に正しくて効率的なのかと疑うことからスタートしている点です。

在庫や品質、顧客の管理で用いられるカイゼン手法の一つにABC分析があります。自社の商品やサービスについて売り上げへの貢献度が高い順からA、B、Cにグループ分けして管理・分析します。

売り上げに最も貢献するAグループの商品は在庫を常に用意しておかなければなりません。在庫がなければ機会損失の恐れが大きくなります。貢献度が中ぐらいのBグループの商品は現状を維持し、在庫切れが迫った時点で発注するのが適切でしょう。貢献度が低いCグループの商品は在庫が切れると同時に廃番にするのが賢明な判断になるでしょう。

この考えはパレートの法則が基本になっています。

パレートの法則は「80：20の法則」といわれ、「全体の数値の八割は、全体を構成する要素のうちの二割の要素が生み出している」ことを指します。これは「経済活動における数値のほとんどは全体を構成する要素の一部が生産している」と言い換えることができます。

この法則に基づくと、ある事業所の売り上げの八割は二割の従業員からもたらされていることになり、あるストアの売り上げの八割は二割の商品から生み出されていることになります。毎月の売り上げが一千万円のストアの場合、商品が百種類あると仮定すると、八百万円の売り上げを二十種類の商品で生み出している計算です。

生産現場にパレートの法則を当てはめてみましょう。生産性向上のためにカイゼンを要する項目が現場に十個あると、十個のカイゼンを同時に進めるよりも、貢献度や重要度が最も高い二個のカイゼンを急いだ方が効果は大きくなります。選択と集中が重要になってきます。

そもそもＡＢＣ分析の目的は、商品やサービスの売り上げを効率化することでした。

貢献度の高いＡグループの商品は、営業や販売、宣伝に力を入れ、売り上げを伸ばす方策を考える必要があります。商品が置かれる店舗の売り場面積拡大やディスプレイの工夫を進める必要もあります。Ａグループの商品は欠品状態になると売り上げに大きく響くため、在庫管理を徹底しなければなりません。

ここで疑問が生まれます。売り上げへの貢献度の低いＣグループの商品やサービスをばっさり切って、廃番にするべきかどうかです。罠《わな》や落とし穴はないでしょうか。

Ａグループの中に一過性のブームや話題の影響を受けた商品があると考えられる場合は注意が必要です。商品と売り上げの関係を深く見ておかないと、一時的な売り上げ増の要因を見逃してしまうからです。ブームや話題が去った商品はやがて売り上げが落ち、Ｂグループやグループに転落することが少なくありません。ＡＢＣ分析は、あくまで各商品の貢献度を可視化するためのものです。Ｂグループにとどまっている商品、Ｃグループに転落した商品の経緯や背景を探ることこそが求められます。この点、ＡＢＣ分析は商品を切り捨てる手段と考えるよりも、商品を救い上げて商品の多様性を確保する手段と考えた方が実り豊かです。

▼eコマースの分析手法

ｅコマース（ＥＣ）におけるＡＢＣ分析は、店舗販売商品を対象とするのとは勝手が違います。在庫管理費を抑えることができるＥＣは、売り場やディスプレイスペースは不要です。「死に筋商品」と呼ばれるＣグループの商品でも、販売や在庫管理に大きな費用をかけずに売り抜くチャンスがあります。商品数が増えれば増えるほど、消費者は欲しい物に出合えることになるからです。ということはＣグループにも存在価値が十分あるわけです。商品一つひとつの売り上げがたとえ少なくても、商品のバラエティーを増やし、それらが組み合わされることで収益につながります。これは「ロングテールの法則」と呼ばれます。

ＥＣでは売り上げは指標の一つにすぎず、ＥＣサイトへのアクセス数、回遊率（訪問者のページ閲覧割合）、コンバージョン率（訪問者のうち商品購入者が占める割合）、リピート率などについてそれぞれ、ＡＢＣ分析をする必要があります。

風変りな名称で知られる「ダラリの法則」に移りましょう。

生産性を上げるために何から手を付けていいか分からない。そうした職場が始めなければならないのは、業務の「ムダ」「ムラ」「ムリ」を洗い出すことです。これらの語尾を取り「ダラリの法則」と呼ばれます。

この法則は目的と手段の大きさを比較することにより、深く理解できます。

ムダは目的が手段より小さい状態で起きます。

生産に対して資源が過剰に投下され、持て余している状態だと言っていいでしょう。付加価値を生み出さない作業が当てはまります。時間や手順、管理、調整などにムダがないかを調べなければなりません。

習慣として何となくやっている業務は、マンネリの意味を検証するとすでに不要な業務になっていたり、システム化やＤＸ化でカイゼンできたりすることが少なくありません。

ムリは目的が手段より大きな状態です。

求められる成果に対して資源が不足し、負荷が大きすぎる状態です。

計画や目標、納期、能力、品質、価格などを点検する必要があります。残業をしないと終わらない無計画な業務や、能力不足のために社員に与えている負荷を確認することが考えられます。ムリを放置すると、生産性が低下し、収益に悪影響が及びます。

ムラは目的が手段より大きいこともあれば、小さいこともあるてんでんばらばらな状態です。

業務の進め方が標準化されていない職場で目立ちます。同じ業務でも社員によってまちまちに取り組むため、生産量にバラつきが出ます。社員の気分や体調に左右されることもあります。

業務を点検したら、マニュアル化や標準化を急ぐ必要があります。

「ダラリ」の職場は社員のやる気を損ないます。ですから、理想的な職場を作るために「ダラリの法則」を使うべきです。カイゼンする対象業務を「ダラリ」のどれに絞るかがスタートになります。

▼問題をツリー状に

ロジックツリーは言葉の通り、解決すべき問題の中心となっているキーワードと、それから派生するキーワードを木の構造のように広げていくことにより、問題を論理的に分解・整理する分析手法です。細かい問題が絡み合っていたり抽象的な問題が散見されたりするケースでも、ロジックツリーの作成を通じて事象の分析から問題の原因特定、課題解決までできるのが特徴です。ロジカルシンキングの手法としても知られています。

ロジックツリーを作成する際に注意しなければならないことがあります。ツリーが目的にあったものかどうかという点です。そして「ＭＥＣＥ（メッシー）」を満たしているかどうかです。ＭＥＣＥは「Mutually Exclusive, Collectively Exhaustive」の頭文字を取った略語で、「漏れなく、過不足なく」という意味です。この二つが満たされないと、キーワードに漏れやダブりが生じてしまい問題特定や課題解決が遠ざかってしまいます。

五つのメリットがロジカルツリーにあるといわれています。

①問題の全体を把握し、論点の相違点をなくすことができる
②問題の構成要素を分解し掘り下げていくことで、原因にたどり着ける
③解決策が考えやすくなる

④問題の要素が一目瞭然になることから、行動の優先順位をつけやすくなる
⑤問題の全体と要素がはっきりするため行動の必要性を共有しやすくなる

目的に応じて四つのタイプのロジックツリーがあります。要素分解ツリー（What ツリー）と原因追究ツリー（Why ツリー）、問題解決ツリー（How ツリー）、ＫＰＩツリーです。

ＫＰＩツリーは、組織や集団の最終目標（Key Goal Indicator＝ＫＧＩ）と、ＫＧＩを達成するまでの中間目標（Key Performance Indicator＝ＫＰＩ）の関係性を可視化したロジックツリーのことをいいます。

例えば全社挙げてＤＸ化を急ぐべきかどうかの課題に直面した場合、（図４－４）＝１４０ページ＝のロジックツリーが考えられます。

もう少し詳しくロジックツリーを見てみましょう。

今、中国に生産工場を持つべきかどうかを検討している会社があったとしましょう。中国に進出して工場を持つ場合、１００％子会社で実施するか、現地資本との合弁企業とするか、あるいは現地の工場と連携して生産委託の方式を取るかについて選択を迫られています。どの場合でも中国政府の援助が得られるかどうかで、事業の成功率が変わってきます。この問題を解決するために、選択肢またはそのときの成り行き予想を（図４－５）＝１４１ページ＝のようなロジックツリーに整理して、最善の方法を見つけたいと考えています。

この樹形図から期待値を出して、その値を記します。

期待値は、平均して期待される結果利益のことです。いろいろな出来事が起きる確率のことを指し、その得られる結果を加重平均した値です。例えば、百万円が得られる確率が五〇%で、三百万円が得られる確率が三〇%、五百万円の得られる確率が二〇%であれば、全体の期待値は、百万円×〇・五 ＋ 三百万円×〇・三 ＋ 五百万円×〇・二＝二百四十万円となります。

この樹形図（図4－6）＝142ページ＝の中で期待値が最も大きいのは子会社の場合となりますので、これを選択することになります。

▼プロジェクト・マネジメント

仕事全体の段取りを考えるのがプロジェクト・マネジメントです。複数の作業の段取りを項目別にまとめた表を「ガントチャート」といいます。あらゆる管理工程に使われる表で、職場によっては「スケジュール表」とか「管理表」とか呼ばれます。ふつうは、ツリー構造とチャート（横棒）で表します。これを使い、作業の工程を効率的に組み立て、全体のスケジュール（日程）を短縮化し、作業手順の具体的方策を見いだします。

棒グラフが主体のガントチャートに対して、フローチャートが主体のＰＥＲＴ（Program Evaluation and Review Technique）があります。ガントチャートの特徴は、小規模なプロジェクトに向いている点です。事業のタスクや各タスクの開始から終了、継続期間、進捗状況までを分かりやすく示します。ただ、タスク間の相互依存関係は表示できないという難点があります。ＰＥＲＴは大きいプロジェクトや複雑な事業に向いています。事業の全工程を最短時間で終わらすための重要な作業経路である「クリティカルパス」を示すことができ、独立したタスクに相互接続する多数のタスクネットワークを表現することができます。

道路側溝工事のガントチャートを試しに書いてみます。縦軸に作業項目（タスク）名を記し、横軸に時間軸を取ると、（図４－７）＝１４３ページ＝のようになります。

ＰＥＲＴの仕組みは単純です。丸と矢印の記号で構成されます。

例えばＬＡＮの構築プロジェクトを考えてみると、各作業の前後関係と所要日数をネットワーク図としてまとめると（図4－8）＝143ページ＝のようなアローダイアグラムが描けます。

▼クリティカルパス

このアローダイアグラムを使って、プロジェクト全体の完了日数を決定づけるクリティカルパス（最長所要経路）について考えてみましょう。

まず結合点の箇所に計算結果を記入するために上下二段に区分されたボックスを用意します（図4－9）＝143ページ。

上段には次の作業を開始できる最も早い時刻（日にち）を書き込みます。これを「最早結合点時刻」といいます。Ⓐでは作業が直ちに開始できるため「0」となり、Ⓑでは一日後でないと作業が始められないため「1」となります。Ⓒでは二本の矢が入っていて、長い方の二日後でないと次の作業に着手できないため「2」となります。以下、同様の手順で進めます。

「最遅結合点時刻」は、全体の計画を遅らせることなく、最も遅く作業をスタートさせることが許容される結合点の時刻（日にち）です。Ⓔの上段はそのままで最遅結合点時刻であることから、下段には「4」と書き込みます。Ⓓでは、Ⓔの時刻に間に合えばよいため、「4」から「1」を引いて「3」と記します。Ⓑでは二本の矢が出ていて、全体の計画を遅らせないためにはⒸの作業開始に間に合わせるため「1」となります。この手順を同様に進めます（図4－10）＝144ページ。

最後にクリティカルパスを見つけてみましょう。

クリティカルパスはすでに述べたように、決定的な道筋という意味を持ち、最も時間のかかる作業の流れを指します。上下二段の数字が同じになる結合点を結んだルート（図4－11）＝144ページ＝がクリティカルパスになります。これにより、余裕のまったくない作業の流れがどこにあるかが分かります。

Ⓐ→Ⓑ→Ⓒ→Ⓔのどこかを短くしないと、全体のスケジュールは短縮されません。別の言い方をすると、ここに記した作業プロセス以外の箇所で効率化を図りスケジュールを短くしても、全体のスケジュールは短くなりません。

表4－1　マーケティングとセールスの違い

	マーケティング	セールス
基本思想	マーケットイン	プロダクトアウト
目的	顧客のニーズとウォンツの満足向上	販売目標の達成
顧客との関係	双方向	一方向
企業内の位置付	すべての活動の中心	生産・製造活動の次の段階

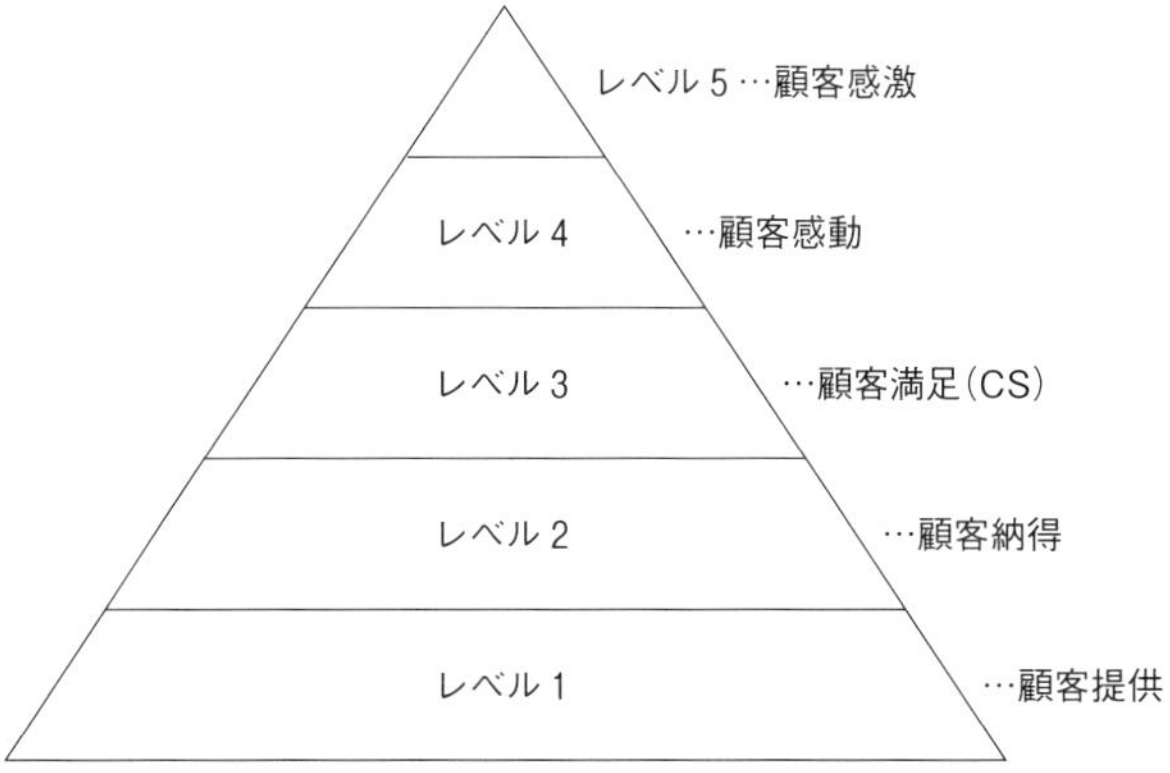

図4－1　顧客向けサービスはレベル5を目指すのが理想

図４－２　４つのｐを組み合わせることでマーケティングの基本戦略は固まる

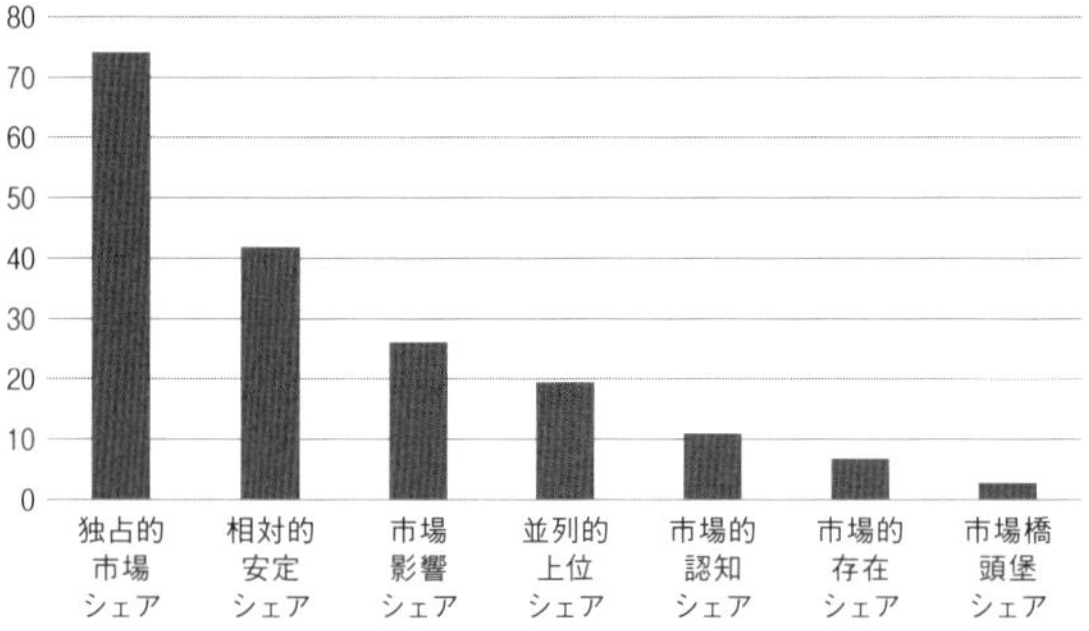

図４－３　７つに区分されたクープマンの目標値

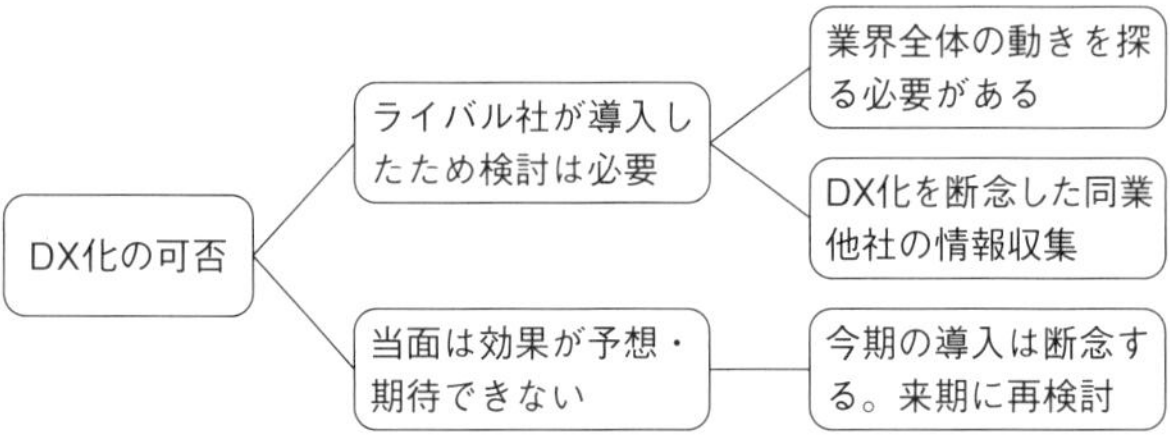

図４－４　DX 化を課題にしたロジックツリーの簡易な例

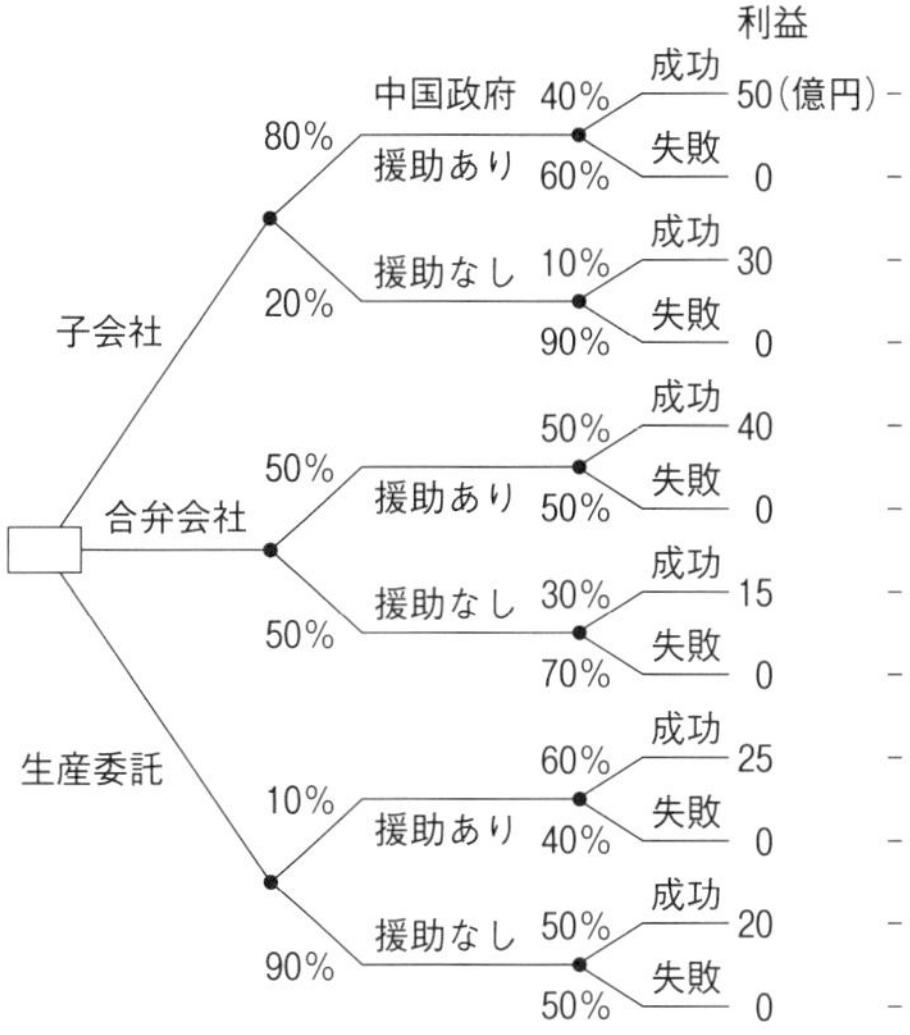

図4－5　中国進出を検討する企業が直面する問題を整理したデシジョンツリーの例

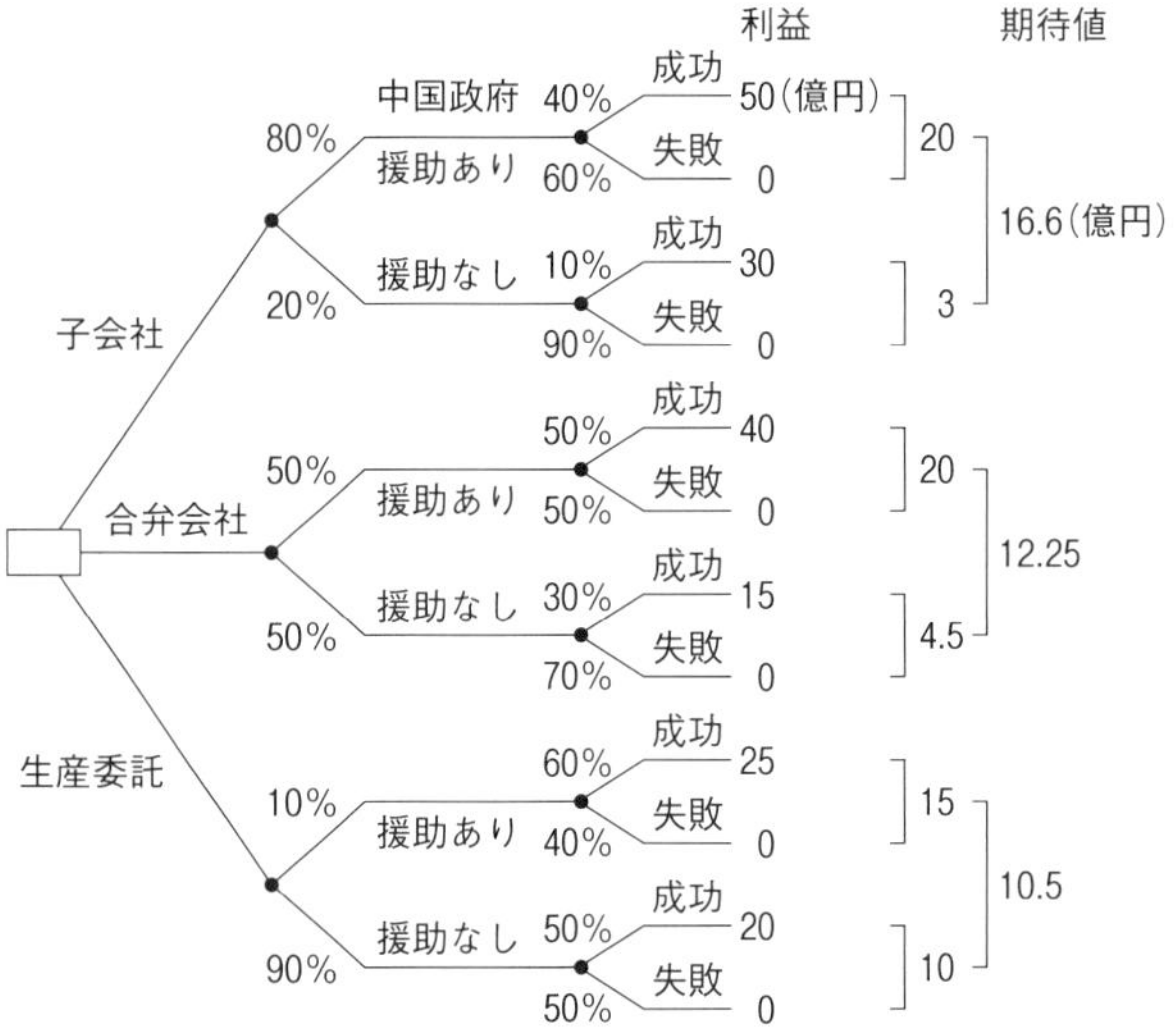

図4-6　中国進出を検討する企業の期待値を計算し反映したデシジョンツリーの例

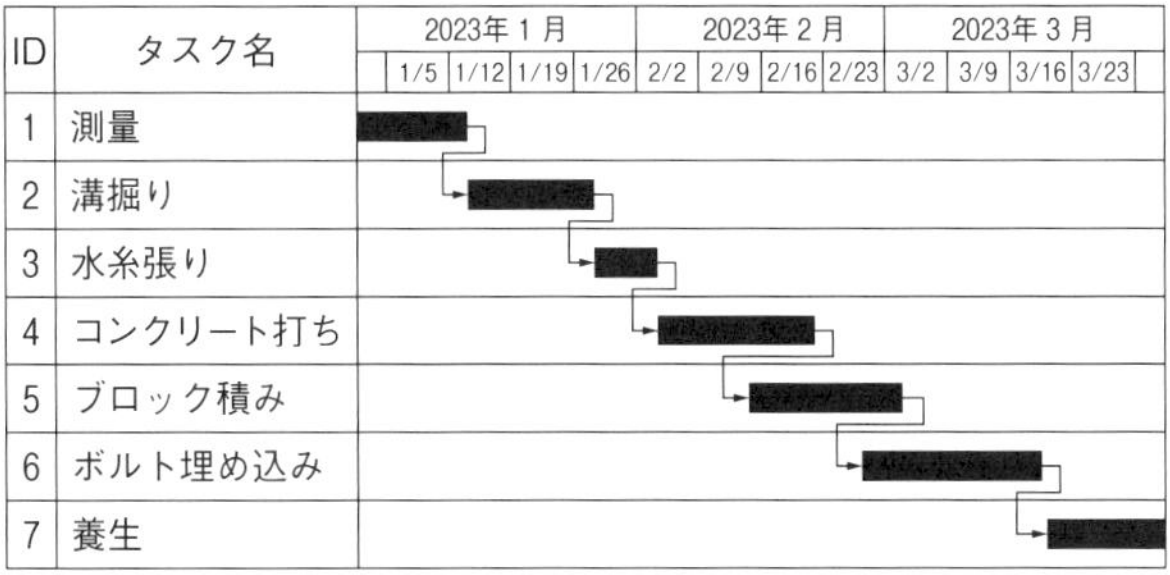

図 4 - 7　道路側溝工事の例をガントチャートにまとめた

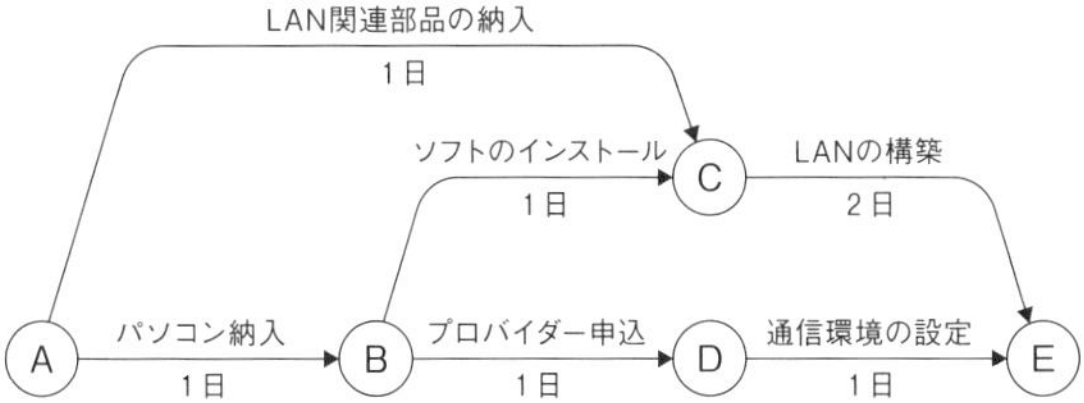

図 4 - 8　LAN 構築プロジェクトを整理した PERT の例

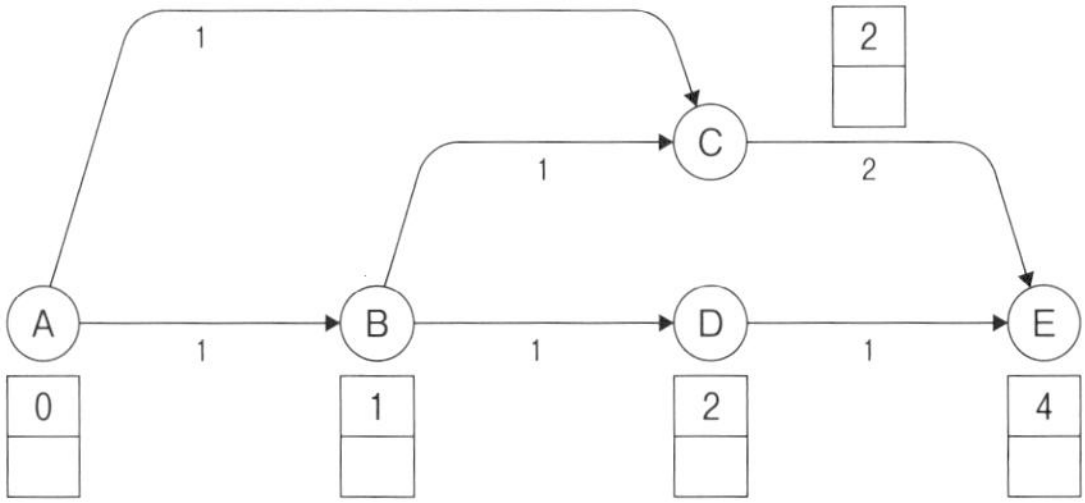

図 4 - 9　最早結合点時刻を求める図の例。「→」は作業内容と作業時間を示す

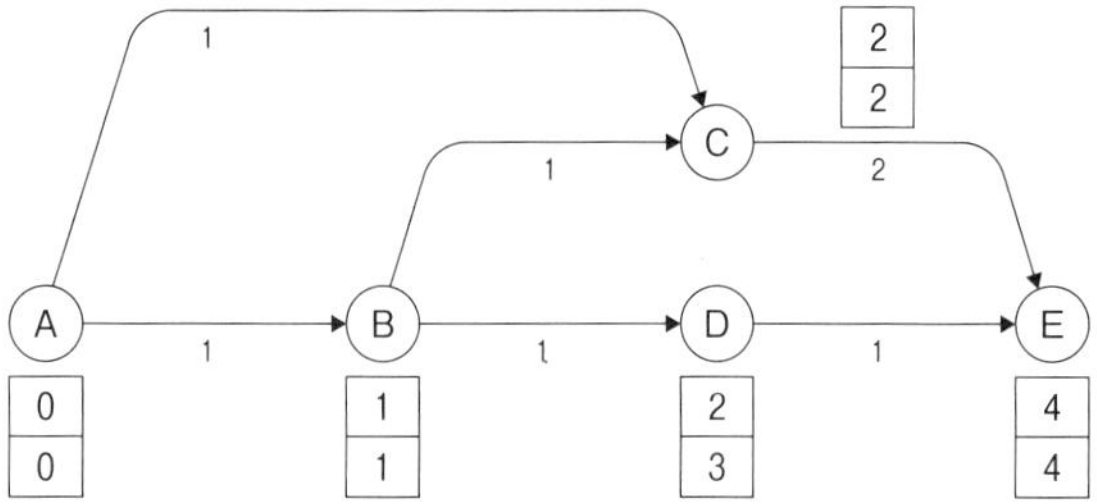

図 4 -10　最遅結合点時刻を求める図の例。「→」は作業内容と作業時間を示す

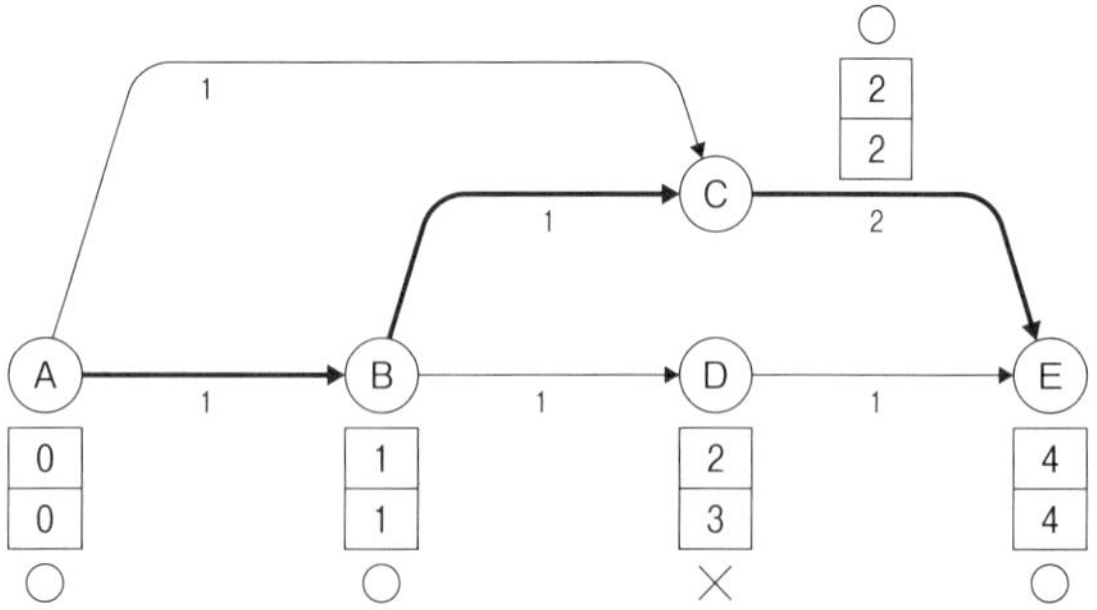

図 4 -11　クリティカルパスを求める図の例。「→」は作業内容と作業時間を、「➡」はクリティカルパスを示す

第五章　［情報］計画、戦略

「あんパン経営学」におけるヒト、モノ、カネへのアプローチをこれまで見てきました。最後は情報（知財）です。ここでは経営計画・経営情報、新事業創出・新SWOT分析、経営戦略の三つを取り上げます。

▼経営計画は指針

経営計画は、企業を将来の目標やビジョンへ導いていくための重要な指針です。

倒産企業によくみられるのが経営計画を作成していなかったケースです。経営計画を作っても、事業が計画通りに進まないことが多いのは確かです。それでも経営計画を作り、経営環境が変わればその計画を見直すことにより、自社の経営状況を分析し対策を講じたり、業界の動向を把握したりすることができます。

もちろん、経営計画はただ作ればいいというものではありません。経営理念・方針が形骸化していれば、経営計画は形式的なものになってしまうでしょう。反対に経営計画が形式化していれば、経営理念・方針も形骸化している恐れが十分あります。ですから経営計画は、客観的な事業環境分析に基づく意義のある内容にしなければなりません。

経営計画と事業計画は混同されることがあります。経営計画は事業計画を含み、経営理念やビジョンが前面に出ます。それに対し事業計画は、経営目標を達成するための数字を中心とする具体的な行動計画です。このため事業計画は経営計画を作った後に策定するのが基本です。

▼鳥、虫、魚

経営のかじ取りには、全体を俯瞰する「鳥の目」と現場を細かく観察する「虫の目」、そして将来を予測する「魚の目」が必要です。経営計画では「鳥の目」と「魚の目」を使い、事業計画では「虫の目」を生かすと考えると両者の違いがはっきりします。

経営計画には短期、中期、長期それぞれの計画があります。ふつう短期は一年、中期は三～五年、長期は五～十年をいいます。

短期、中期、長期の各計画を「戦略（策定）編」と「計数（目標）編」に分けてみると、（図5－1）＝179ページ＝で示される構成となります。

経営計画には「戦略編」「計数編」のほか、「前提条件」が必要になります。企業の将来設計をする際には基本的な土台が存在します。それを「前提条件」として明示します。この土台がなかったりはっきりしなかったりする場合は、全体の計画や構想が不安定になり、計画を何度も書き直さなければならなくなります。

製造業の経営計画は次のように三部構成となります。

【前提条件】

①社内環境：人事組織動向、製品（サービス）動向、財務資金動向、設備稼働動向など

②社外環境：マクロ経済動向、業界需給動向、競合他社動向、顧客・市場動向

【戦略編】
①全社基本方針：連結ベース、単体ベース
②セグメント別戦略：既存事業、新規事業、海外事業、コーポレート部門など
③重点経営課題と具体的解決策（全社戦略プロジェクト）：コストダウン推進プロジェクト（ＰＪ）、組織活性化・機構改革ＰＪ、情報システム構築ＰＪ、セキュリティー・リスク対策など

【計数編】
①損益計画（部門別、製品別）：売上高、経費、利益
②販売計画（部門別、製品別）：販売量、価格（売値）
③生産計画：生産量、操業度・稼働率、生産能力
④設備投資計画：投資枠・投資体力、目的別区分

⑤研究開発計画：テーマ別開発ステージ、研究人員、研究費
⑥資金計画：資金バランス・金融収支、与信回収、在庫金額
⑦人員・要員計画：在籍人員、新規採用・配属
⑧購買・物流計画：原材料・用益単価、荷役、保管、輸配送
⑨その他：地域別計画、知的財産、財務諸表分析表など

計数編では、販売などの計画変更により利益がどのくらい影響を受けるかを試算しておくことがとても重要です。「売価」「数量」「変動費」「固定費」などの各変化が利益に及ぼす影響を分析する手法に「感度分析」があり、それを使うことで事業収益への影響度の大きい要因を定量的に把握することができます。感度分析は製造分野ばかりでなく、研究開発分野や資源エネルギー分野でも多用されています。

▼企業のライフサイクル

倒産企業の平均寿命は、東京商工リサーチによると二三・三年（二〇二二年）です。

前年は二三・八年でした。企業のライフサイクルは「創業期」「成長期」「成熟期」「衰退期」の四段階に分かれます。どの段階にあっても経営計画は、企業の成長を早めたり持続させたりする目的があります。ふつう、成熟期を迎えた段階で、企業は次の第二創業期に向かって路線変更する必要が出てきます。実はこの路線変更を見極めるのは容易ではありません。事業環境に構造的な変化が起きていることに気づかなくてはならないからです。これは先に触れた「前提条件」に深く関わってきます。

例えば社内環境に変化が起き、これまでと同じやり方をしていては生産性・業績の低下に歯止めがきかない。社外環境に変化が起き、業界におけるこれまでの強みが一転、弱みになってしまった——ということがあります。短期計画にこれらを反映すると同時に中期計画、ひいては長期計画を見直さなければなりません。

業界の利益や企業の戦略は「五つの力」が総合的にどう働くかで決まるという理論があります。米国の経営学者マイケル・ポーターが提唱しました。これについても経営計画の前提条件に関わってきます。

「五つの力」は競争要因に当たり、「業界内の競争」「買い手との交渉」「売り手との交渉」「新規参入の脅威」「代替品や代替サービスの脅威」とされています。競合相手が多いかどうか、買い手が少ないかどうか、売り手が少ないかどうか、参入障壁が低いかどうか、代替品の収益性が大きいかどうかにより、業界が縮小傾向にあるかどうかが見えてきます。併せて、企業の戦略も大枠が決まってきます。的外れの経営計画を策定しないためにも、「五つの力」によって業界の魅力度・利益性を測らなければならないでしょう。

▼外せない戦略

どの企業も、業界や同業他社との競争において優位性を築きたいと考えます。できれば業界トップになりたいと。それを実現するには三つの基本戦略があります。よく知られている①コスト戦略②差別化戦略③集中戦略――です。

競合他社よりも低コストで製品を販売できれば競争優位性は高まります。低コストは規模の経済を図ったり、累積生産量と単位当たりの総コストが反比例する経験曲線効果を利用したりすることで実現できるかもしれません。製品のデザインを斬新なものに変えたり、機能性を高めたり、顧客サービスを拡充したりして自社製品を差別化することができます。結果的に競争優位性は高まるでしょう。顧客や市場、流通などの対象を絞り、そこへヒト・モノ・カネ・情報の経営資源を集中的に投入する戦略を集中戦略といいます。特定の製品を対象にしてコスト削減をすることを「コスト集中」といい、徹底した差別化を図ることを「差別化集中」といいます。この戦略もマイケル・ポーターが提示しました。図に示します（図５－２）＝１７９ページ。

国内企業の九割以上を占める中小企業にとって、有用な経営情報を入手できるかどうかは、経営計画の作成と相まって企業の平均寿命を決定づけるといえます。

少しデータが古くなりますが、独立行政法人の中小企業基盤整備機構（中小機構）が二〇一三年にまとめた経営情報の収集・活用に関する実態調査があります。調査の対象は経営者です。それによると、経営情報の収集場所（複数回答）は①講演／セミナー／勉強会（五五・七％）②自社内（四八・九％）③オフタイムの会合など（四五・一％）④展示会／商談会（四四・一％）――が上位を占めました。情報の提供者は①同業者／交流会参加者（六二・二％）②取引先担当者（五二・〇％）③顧客（四四・七％）――が上位でした。「自分自身で調べる」「金融機関担当者」はそれぞれ三四・九％、二四・四％にとどまっていました。

情報を収集する日ごろのメディア（複数回答）は①新聞（八二・〇％）②テレビ（六二・一％）③雑誌（四五・八％）④ホームページ（四三・三％）――の順でした。

注目されるのがスマートフォンやタブレット端末などの情報端末機器の活用についての回答です。「現在は使っておらず、今後も使うき（気）はない」との回答が二三・五％に上ったことでした。中小機構のアンケートの回答者のうち、六〇代以上の経営者が五二・九％を占めたことからデジタルデバイド（情報格差）が疑われる結果となりました。

総務省によると二〇一三年の情報端末機器の世帯保有率はスマートフォンが六二・六％、パソコンが八一・七％、モバイル端末が九四・八％でした。社会のＩＣＴ化はその後進み、二〇二一年のそれはスマートフォンが八八・六％、パソコンが六九・八％、モバイル端末が九七・三％でした。

▼強みと弱み

これからの経営はＩＣＴ化をどう乗り切るかが問われます。デジタルデバイドに安住していては経営のかじ取りは行き詰ります。中小企業庁や中小機構、日本政策金融公庫などのホームページには中小・零細企業のための支援策も紹介されています。ＩＣＴ化をためらう高齢経営者向けのメニューもそろっています。

新規事業を創出するにはそれなりのエネルギーを要します。日本は他の先進諸国と比べて、創業や起業に関心を持っている人の割合がとても低いという特徴があります。企業も同じです。だからこそ生き残りや勝ち残りをかけて、企業は新事業を継続的に創出することが迫られます。自社の置かれている立場や環境を把握することから始めることが大切です。

「うちの会社にとって何が強みなのか、また何が弱みなのか」
「うちの会社にとって何がチャンス到来なのか、また何が脅威なのか」

これら自社の内部環境と外部環境を検討するのがSWOT（スウォット）です。

Sは内部環境におけるプラス要因であるStrength（強み）を、Wは同じく内部環境におけるマイナス要因であるWeakness（弱み）を指します。自社の経営資源のうちで何が強みで何が弱みかを見つけることから始めます。

Oは外部環境におけるプラス要因であるOpportunity（機会）、Tは同じく外部環境におけるマイナス要因のThreat（脅威）のことです。外部環境は経済情勢や法規制などを含むマクロ環境と顧客や競合他社などのミクロ環境から構成されます。

表に示すと（表5－1）＝180ページ＝のようになります。

この基本形を発展させたのが応用形のクロスSWOT分析で、（表5－2）＝180ページ＝になります。

網掛けの第二象限（強み×機会：SO）は、事業機会に対して自社の強みを最大限に生かすことを考える必要があります。つまり、攻めの時で、活用策を編み出すことです。

第四象限（弱み×脅威：WT）は、弱みと脅威がもたらす最悪の状況を回避しなければなりません。守りの時で、回避策を取ります。

第一象限（弱み×機会：WO）は、せっかくの事業機会を自社の弱みで取り逃さない方策を考える必要があります。見方を変えれば、千載一遇のチャンスで、段階的戦略ともいえる改善策を取ります。

第三象限（強み×脅威：ＳＴ）は、他社にとって脅威でも自社の強みで好機に変える方策が求められます。一度は不利な状況に陥ったものの、再び攻勢をしかける逆攻勢の機会とする策がふさわしく、差別化戦略を考えなければなりません。

▼攻める

攻めが求められる「強み×機会」の例を鉄道会社で見てみましょう。

駅の構内には空きスペースがあります。大きな固定資産が活用されていません。一方でデパ地下人気により、パンや弁当、菓子、総菜などを手軽に買い求めたい乗客が駅構内を往来しています。ブランドを確立した有名店舗がテナントとして入居したデパ地下でも成功を収め、新たな出店先を探しています。

これを表にすると（表５‐３）＝１８０ページ＝になります。

ＳＷＯＴ分析を現実の事業に合わせて応用・発展させた「新ＳＷＯＴ分析」を私は提唱しています。これを使うことで作成プロセスと論点がさらにはっきりします。

会社の強みと弱みを把握するために社内資源をヒト・モノ・カネの有形資産と情報・風土の無形資産に分けます。それらを全社と事業ごとに「有利な要因」「不利な要因」に分けます。図にすると（図５－３）＝１８１ページ＝のようになります。

外部環境はマクロ環境要因とミクロ環境要因に分類できます。マクロ環境要因は一般的にＰ（法規制）、Ｅ（経済）、Ｓ（社会）、Ｔ（技術）から成ります。ミクロ環境要因についてはＭ（販売先）、Ｃ（競合先）、Ｒ（仕入先）から構成されると独自に考えました。ここでＰＥＳＴの分析の主な柱は、企業（事業）経営への直接的影響が少ないマクロ環境に属するものと、部分的には直接的影響が大きくなるミクロ環境に属しているものがあります。同様にＭＣＲの分析の柱は企業（事業）経営への直接的影響を与えるミクロ環境に属するものと、部分的には影響が少ないマクロ環境に属するものがあります。したがってＰＥＳＴの四つの要因とＭＣＲの三つの要因について、マクロ環境要因とミクロ環境要因をジグザグに組み合わせた視点に基づく外部環境要因分析を創案しました。この七つの要因はそれぞれ国内要因と世界要因に分けました。さらにこの七要因による外部環境をプラス要因とマイナス要因に分け、プラス要因をＯ（機会）、マイナス要因をT（脅威）とし、それぞれ時間の影響を考慮して「現状・近未来」と「中長期」に分類しました。これが（図5－4）＝182ページ＝になります。

（図5－3）と（図5－4）を合成すると、（表5－4）＝181ページ＝ができます。

各象限における区分を分析していくと、自社の置かれている立場がよく見えてきます。企業においては強みも弱みも事業ごとに異なっているのがふつうです。同様に脅威についても全社的な脅威と、事業ごと・部門ごとの脅威はまったく違います。ただ、それぞれの象限における戦略はほぼ共通します。第一象限のWOなら「改善策」、第二象限のSOなら「活用策」、第三象限のSTなら「解消策」、第四象限のWTなら「回避策」です。これは先に述べた通りです。

▼ひらめく

SWOT分析を逆からさかのぼり、新規事業や新製品投入のチャンスを分析することもできます。つまり、新規事業や新製品について、自社の強みと外部の機会を詳細に見ていき、事業の発想やひらめき度をチェックするわけです。この逆SWOT分析をひらめきチェック分析と私は呼んでいます。

表にすると（表5－5）＝181ジ＝になります。

この表を埋めていくだけでアイデアのたたき台ができます。

彼を知り己を知れば百戦殆《あや》うからずと言います。中国春秋時代にまとめられた兵法書「孫子《そんし》」の一節です。敵情を知り、かつ自分を知ることが戦いには不可欠だと説いています。新SWOT分析は、ビジネスの戦いを企画する際に強い味方になってくれるはずです。

第一章で触れたように、新一万円札の顔に選ばれた渋沢栄一は、新規事業の本質について、それが果たして成り立つものかどうかを探求し、もうからない事業はやるべきではないと述べています。渋沢に言われるまでもなく、やる気や気合だけで事業を成功に導くことはできません。

▼経営戦略

「あんパン経営学」の最後の項目は、読者の関心が高い経営戦略論です。

経営戦略は、自社の理想（将来構想）と現在のギャップを埋めるために打つ布石や仕掛けのことです。それにより、現状の成り行き結果を劇的に変える道筋であると言っていいでしょう。

私が考える戦略以外にも、さまざまな定義や考え方があります。

他社と異なる活動を伴う独自性のあるポジションであると定義したのは米国の経営学者マイケル・ポーターです。

米国の電話会社社長だったC・I・バーナードは、目的を達成するために重要要因を動かすことだといいます。さらに「企業戦略の父」と呼ばれるケネス・アンドルーズは、会社の重要目的・意図、目標とそれを達成するための方針、計画だと考えます。

一橋大名誉教授の伊丹敬之《いたみひろゆき》氏は、市場の中における組織としての活動の長期的な基本設計図だとしています。個々の戦闘を戦争の目的に結び付けることだと定義したのは、『戦争論』の著者で知られるクラウゼヴィッツです。

そもそも戦略とは何でしょうか。日本語で戦略といってもピンと来ないことが少なくありません。先に述べたように、言葉に戦略を付けると格好よく響きます。

実は、英語の strategy（戦略）は単純明快です。

「A plan that is intended to achieve a particular purpose（特定の目的を達成するための計画）」であったり、「The process of planning something or putting a plan into operation in a skillful way（何かを計画したり、計画を巧みに実行に移したりするプロセ

ス）」であったり、「The skill of planning the movements of armies in a battle or war（戦闘あるいは戦争における軍隊の動きを計画する技術）」であるとされます。

　これらを踏まえると、戦略の下位にある戦術の定義もはっきりします。

戦術は、戦略を実現させるための引き金や手段となる具体的諸準備を指し、それらの効率的使用だといえます。

　企業戦略をまとめる際に欠かせないものがあります。情報です。（図5-5）＝182ページ＝を見てください。社内外の環境変化について情報を収集し分析しなければ、企業戦略は立てられませんから当然です。

　すでに説明したように、ＳＷＯＴ分析と新ＳＷＯＴ分析が社内外の環境変化を把握するのにとても有用です。

「計画通りに進まない」。事業が足踏みしている経営者のぼやきをよく耳にします。それはそうです。一〇〇％計画通りに事業が進んだら、こんなに楽なことはありません。大切なのは目標達成の道筋です。道筋やプロセスが間違っていないかどうかが問われるのです。

▼フォアとバック

企業の目標と現状のギャップを劇的に埋めるのが企業戦略だと私は言いました。ここで二つのアプローチがあります。

一つは「フォアキャスティング」と呼ばれる手法・枠組みです。過去の実績やデータに基づいて現実的に実現可能な計画を積み上げ、未来の目標に近づける考え方です。通常の短期計画、中期計画はこの手法で主に作られます。例えば、現在のやり方を大きく変えずに、地道なカイゼンを続けていくケースです。収益を一年間で五％増やす目標を立て、製品のコストを削減するとともに、新規顧客を開拓し、かつリピート率を上げる事業展開です。このフォアキャスティングでは、劇的な改革はできないという特徴があります。

これに対し「バックキャスティング」と呼ばれる手法があります。

現状とかけ離れた目標を掲げ、それから逆算して現状にまでさかのぼり目標達成のために必要な活動を洗い出し課題を見つける手法です。フォアキャスティングが「現状前提・現状発展型」と呼べるなら、バックキャスティングは「未来逆算・現状改革型」と呼べるでしょう。例えば四年後に収益を三倍にする目標を掲げたとします。この目標を実現するためにはカイゼンを続けていては達成不可能です。未来の目標から逆算して、現状で新しい戦略をひねり出し、製品・サービスを新たに開発し、販路や市場を開拓するような大胆なチャレンジをしなければなりません。

一九五六年にバックキャスティングの手法を取り入れた日本の経営者がいました。松下電器（現パナソニック）社長の松下幸之助《まつしたこうのすけ》氏です。同年一月に発表した「松下電器五カ年計画」は、年二百二十億円の販売高を五年後に年八百億円に、従業員を一万一千人から一万八千人に、資本金を三十億円から百億円にすることを目標に掲げました。計画は四年でほぼ達成し、五年後には目標を上回る販売高一千五十四億円、従業員約二万八千人、資本金百五十億円を実現しました。

　松下氏は「この計画は必ず実現できる。なぜかというと、これは一般大衆の要望だからである。われわれは、大衆と『見えざる契約』をしているのである」と訴えたそうです。バックキャスティングを通じて外部環境を分析した結果、「一般大衆の要望」が何であるかを松下氏は見逃さなかったわけです。実際、一九五五年は後半から始まった神《じん》武景気《むけいき》により、実質経済成長率が年八・八％に達しました。翌五六年の「経済白書」は「もはや戦後ではない」とうたい、家庭電化製品の人気に火が付き、白黒テレビ、洗濯機、冷蔵庫は「三種の神器《じんぎ》」と呼ばれました。

一見すると破天荒《はてんこう》に見えるバックキャスティングは、自社を取り巻くマクロ環境とミクロ環境の変化に対する分析を促し、内部環境のしがらみや固定観念を打ち破る作用を企業にもたらします。それこそがバックキャスティングの最大の効果だともいえます。

二〇一五年九月に採択された国連の持続可能な開発目標（ＳＤＧｓ）により、バックキャスティングのアプローチがにわかに注目を集めました。二〇三〇年までに持続可能でよりよい世界を目指す国際目標として、十七のゴールと百六十九のターゲットが示されたからです。目標を達成するために日本政府はＳＤＧｓ推進本部を設置し、八つの優先課題に基づくアクションプランを毎年策定しています。

フォアキャスティングが「どのような未来が起き得るだろうか」を想定するのに対し、バックキャスティングは「実現したい未来はどのように達成されるだろうか」を考えます。二つは対照的です。（図５－６）＝１８３ジー＝の通りです。ではフォアキャスティングとバックキャスティングはどちらが枠組みとして優れているのでしょうか。

どちらが優れているとは言えません。

二つは課題解決のための別のアプローチだからです。企業が直面する課題の種類と策定する戦略によって、フォアキャスティングを取るか、バックキャスティングを取るかが決まります。戦略が長期か短期かによっても異なります。要は状況に応じて適宜使い分けることです。

経営戦略は企業の理想や理念と深く関わっています。理念はお題目ではありません。

ソフトバンク社長の孫正義《そんまさよし》氏は、企業にとって最も重要なのは一番目が志と理念、二番目がビジョン、三番目が戦略だと言います。日清食品の創業者である安藤百福《あんどうももふく》氏は、明確な目標を定めたあとは執念だと言い、ひらめきも執念から生まれると強調しています。

▼戦わずに勝てるか

最高の戦略は戦わずして勝つことです。それは、中国の兵法書『孫子《そんし》』に由来する一番賢い戦略です。一八六八年の鳥羽伏見《とばふしみ》の戦いはこれに沿った戦略が取られたことで知られています。

この戦いは、旧幕府軍と新政府軍が争った戊辰戦争の初戦です。旧幕府軍の軍勢は約一万五千人。新政府軍の軍勢は約五千人。旧幕府軍が圧倒的に有利でした。岩倉具視《いわくらともみ》の策略により新政府軍が「錦の御旗《にしきのみはた》」を掲げました。「朝敵《ちょうてき》を討《う》て」と天皇の命を受けた軍であることを「錦の御旗」は意味しました。旧幕府軍は慌てふためき、天皇が正当性を与えたとされる軍を攻撃することをためらい、一気に戦意喪失したといわれています。第十五代将軍の徳川慶喜《とくがわよしのぶ》は衝撃を受け、大阪城を退散します。

「錦の御旗」は偽物だったという説があります。それでも「勝てば官軍」なのでしょう。鳥羽伏見の戦いを機に、新政府内で討幕派が主導権を握りました。

ここで忘れてはならないのは旗の存在です。旗には象徴的な意味が与えられることが少なくありません。理想や理念が示されるケースもあります。旗の中でも社旗は、企業のシンボルであり顔です。屋外のポールや入社式が開かれるホールに掲げられ、組織の一体感を演出します。たかが旗であると侮ってはいけません。それには創業精神が込められ、社是や社訓と密接につながっています。孫正義《そんまさよし》氏が言う「志と理念」ばかりか、ビジョンや戦略とも深く関わるからです。

個人も、企業も、国家も厳しい難局を切り抜けるためには大義が必要です。大義は理念でありビジョンです。構成メンバーの誰もがすぐに理解できるシンボルは、大義を分かち合うきっかけを与えてくれます。それを考えると、岩倉具視《いわくらともみ》の策略にはただただ驚きます。

企業にとって最大のシンボルは何でしょうか。

社名です。その社名を変える企業が相次いでいます。理由はM&A（企業の合併・買収）と持ち株会社新設が挙げられます。その他、ブランド名と社名を一致させたり、事業ドメイン（領域）の拡大や見直しにより業種名を社名から外したりする例があります。基調は組織や事業の拡大のためと言っていいでしょう。

そこで問題が生じます。

組織が大きくなるにつれ、企業の理念や創業精神が従業員に浸透しなくなります。経営陣に熱い志があっても、中間管理職以下の従業員はその熱い志を共有するのが難しくなります。なぜでしょうか。社内教育をおろそかにするからです。やがてつけが回ってきます。企業風土が腐り始めます。企業を「木」に例えると、企業理念は「根っこ」に当たります。根腐れは外から見えないだけに厄介《やっかい》です。

▼組織と戦略の関係

組織と戦略の関係は相互依存の関係にあります。

「戦略的経営の父」と呼ばれるH・イゴール・アンゾフは、戦略は組織に従うと言います。それに対して経営史学者アルフレッド・D・チャンドラーは、組織は戦略に従うと言います。

どちらの言い分も間違ってはいません。

アンゾフの主張は、事業環境に大きな変化がない、いわば平時に成立します。チャンドラーの方は事業環境が大きく変化する非常時に説得力を持ちます。

特にチャンドラーは、企業目的を組織に優先して考えます。戦略を立ててからその戦略に組織を従わせ再構築しようとします。一九九七年に企業のホールディングス化（持ち株会社化）が日本で認められ、M&A（企業の合併・買収）がスムーズに進められるようになったことから、チャンドラーの主張は注目されるようになりました。

企業の展開する事業を「製品・サービス」と「市場」の二軸で考え、それら二軸を「既存」と「新規」に分けるとマトリックスが描けます（図5-7）＝183ページ。これは「アンゾフの成長戦略」とか「アンゾフのマトリックス」とか呼ばれる定番の枠組みです。戦略は組織に従うと言ったアンゾフが考案しました。

「アンゾフの成長戦略」における市場浸透戦略（図の第二象限）は、いままでの市場に既存の製品やサービスを投入して、収益増や市場占有率アップを目指す戦略です。市場浸透戦略においては製品の認知度を上げたり、消費者の購買意欲を高めたりすることが課題になります。

かつてイトーヨーカ堂が試みた下取りセールが例に挙げられます。衣料品と住まいの関連商品を一定額以上購入するたびに、対象品目の中から一点を一定額で現金下取りするサービスで、増収効果が報告されています。

▼製品の差別化

新製品開発戦略（図5－7の第一象限）は、いままでの市場に、新しい製品・サービスを投入して、収益増を狙う戦略です。既存市場のニーズを満たす製品・サービスを開発・販売できるかどうか、競合他社と差別化できる製品・サービスを開発・販売できるかどうかが問われます。

ユニクロを展開するファーストリテイリングの高機能防寒下着「ヒートテック」の投入や、「メガネの大宝堂」（本社熊本市）の補聴器販売の開始と拡充が例に挙げられます。特にメガネの大宝堂は、「見えにくい」「聴こえにくい」のシニア世代に対して、各店舗に眼鏡作製技能士（国家検定資格）と認定補聴器技能者（公益財団法人テクノエイド協会の資格）を常駐させ、相談やカウンセリングを受け付けています。既存のシルバー市場のニーズを満たすサービスだといえます。

新市場開拓戦略（図の第三象限）は、これまでと同じ製品・サービスを新しい市場に投入して、勝負を挑む戦略です。競合他社の製品・サービスそのものだけでなく、営業力・販売力・宣伝力などを含む「総合力」が勝負を分けることになります。既存製品の海外展開はこの新市場開拓戦略に当たります。

少子化高齢化にいち早く対応した紙おむつメーカーの例があります。紙おむつの需要が乳幼児用からお年寄り用にシフトしつつあるのに合わせて、同じ紙おむつをシルバー向けに本格販売し、ベビー市場に続いてシルバー市場を開拓しました。業界大手のユニ・チャームは二〇一二年度に国内の大人用の紙おむつの売上高が乳幼児用を上回りました。

このほか、本田技研工業（ホンダ）の障害者向け電動カート「モンパル」の販売、京王百貨店の中高年ミセスをお得意さまとするシニアシフト、汗で失われる水分と電解質を補給できる大塚製薬の健康飲料「ポカリスエット」が挙げられます。

多角化戦略（図の第四象限）は、新しい市場に新しい製品・サービスを投入する戦略です。事業経験のない市場に新製品を投入することから、開発から市場調査、営業、販売までの各コストを含めハイリスク・ハイリターンを目指すことになります。

電気機器からゲーム、映画、音楽、金融までを事業展開するソニーや、デジタルカメラから化粧品、医薬品、再生医療までを手掛ける富士フィルム、コンビニエンスストア事業を主体に金融業などを営むセブン＆アイグループの例が挙げられます。

▼お隣組を狙え

私の勧める実践的な成長戦略は「お隣組攻略」と呼ぶものです。いきなり市場開拓や新製品開発、多角化を求められても、実行に移すのは簡単ではありません。それでも既存の市場浸透からそれほど分野が離れていない市場開拓、新製品開発、多角化ならば実現できる可能性はあります。ハードルを下げてチャンスをうかがう成長戦略で、（図5－8）＝184ページ＝でイメージしてみてください。

すでに説明したマイケル・ポーターの競争優位戦略も、有用な企業戦略の枠組みです。ここで注意しなければならないことがあります。低コスト化を図るコスト戦略と高付加価値化を求める差別化戦略について、あれもこれも同時に手を出さないことです。何を選択し何に集中するかを考え抜かなければなりません。これは何をやらないかということです。選択と集中は戦略の前提条件となります。

「あんパン経営学」で最も重要である基本10科目をこれで学んだことになります。最後に10科目の相関図である（図5－9）＝184ページ＝を描いておきます。

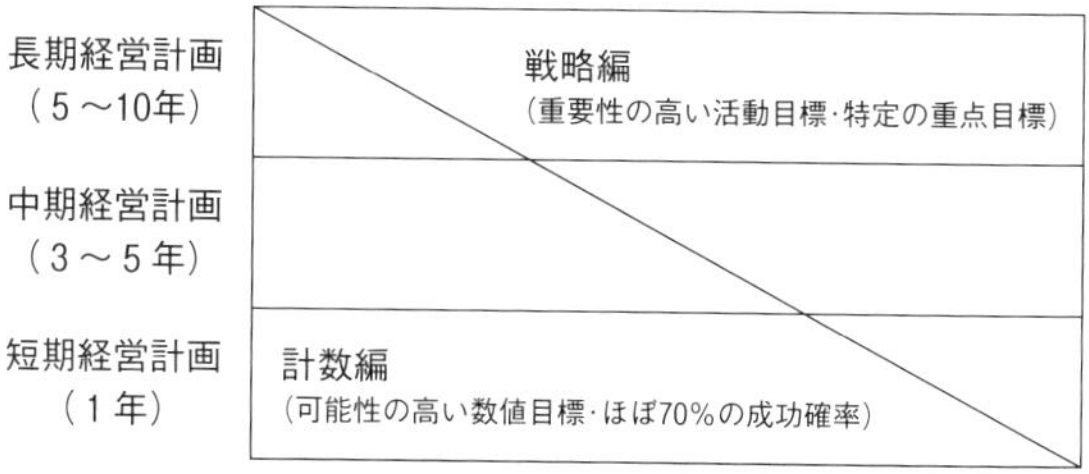

図5-1　短期、中期、長期の各計画を戦略編と計数編に分ける

		マイケル・ポーターの競争優位戦略	
		低コスト化	高付加価値化
ターゲットの幅	広い	コスト戦略	差別化戦略
	狭い（絞り込み）	コスト集中	差別化集中

図5-2　競争優位とターゲットの関係から分かる戦略と集中

表5－1　SWOT 分析基本形

自社分析	強みS	例えば、営業力販売力
	弱みW	例えば、研究開発

外部環境分析	機会O	例えば、規制緩和
	脅威T	例えば、中国製品

表5－2　SWOT 分析応用形

		自社分析	
		強みS	弱みW
外部環境分析	機会O	攻め SO	千載一遇 WO
	脅威T	逆攻勢 ST	守り WT

表5－3　攻めの戦略例（鉄道会社）

			自社分析	
			強みS	弱みW
			駅構内のスペース(大きな固定資産)	
外部環境分析	機会O	デパ地下人気	駅ナカ事業	
	脅威T			

表5－4 会社の強みと弱みの一覧表

強み（全社）機会（現状・近未来） 強み（全社）機会（中長期） 強み（事業）機会（現状・近未来） 強み（事業）機会（中長期）（SO）	弱み（全社）機会（現状・近未来） 弱み（全社）機会（中長期） 弱み（事業）機会（現状・近未来） 弱み（事業）機会（中長期）（WO）
強み（全社）脅威（現状・近未来） 強み（全社）脅威（中長期） 強み（事業）脅威（現状・近未来） 強み（事業）脅威（中長期）（ST）	弱み（全社）脅威（現状・近未来） 弱み（全社）脅威（中長期） 弱み（事業）脅威（現状・近未来） 弱み（事業）脅威（中長期）（WT）

表5－5 逆SWOT分析の表

	新規議場／新製品のテーマSO	自社の強み S	外部の機会 O	備考
1				
2				
3				
4				
5				

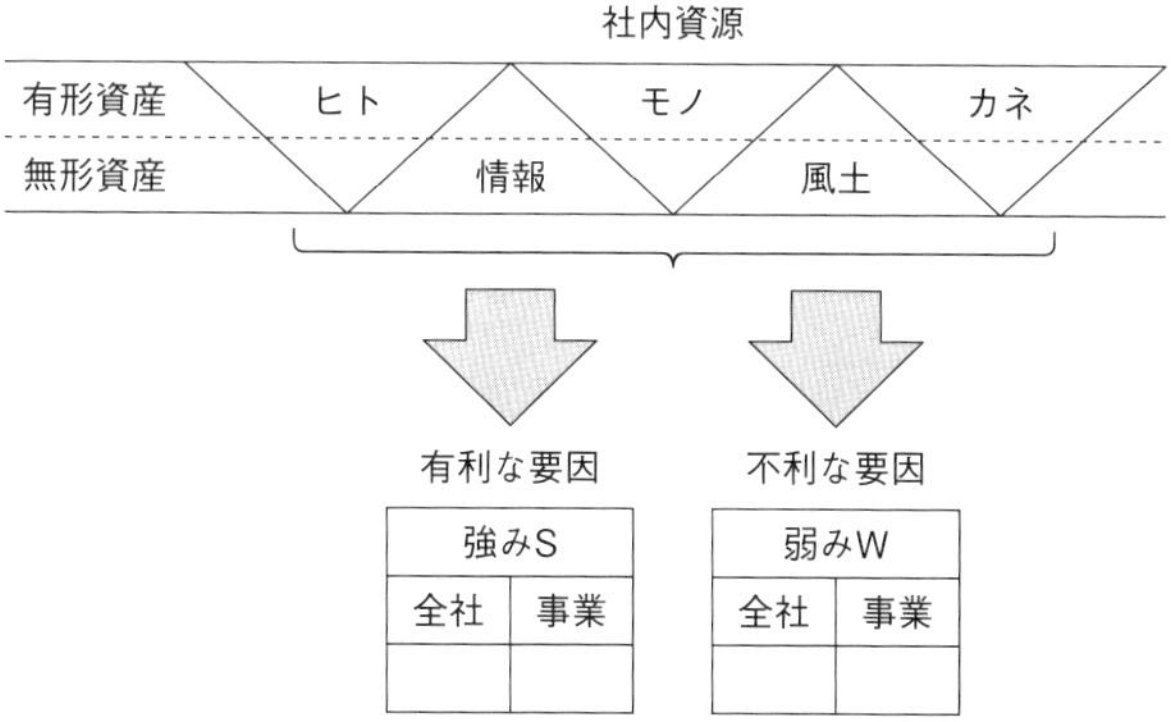

図5－3 社内資源における有利と不利の各要因

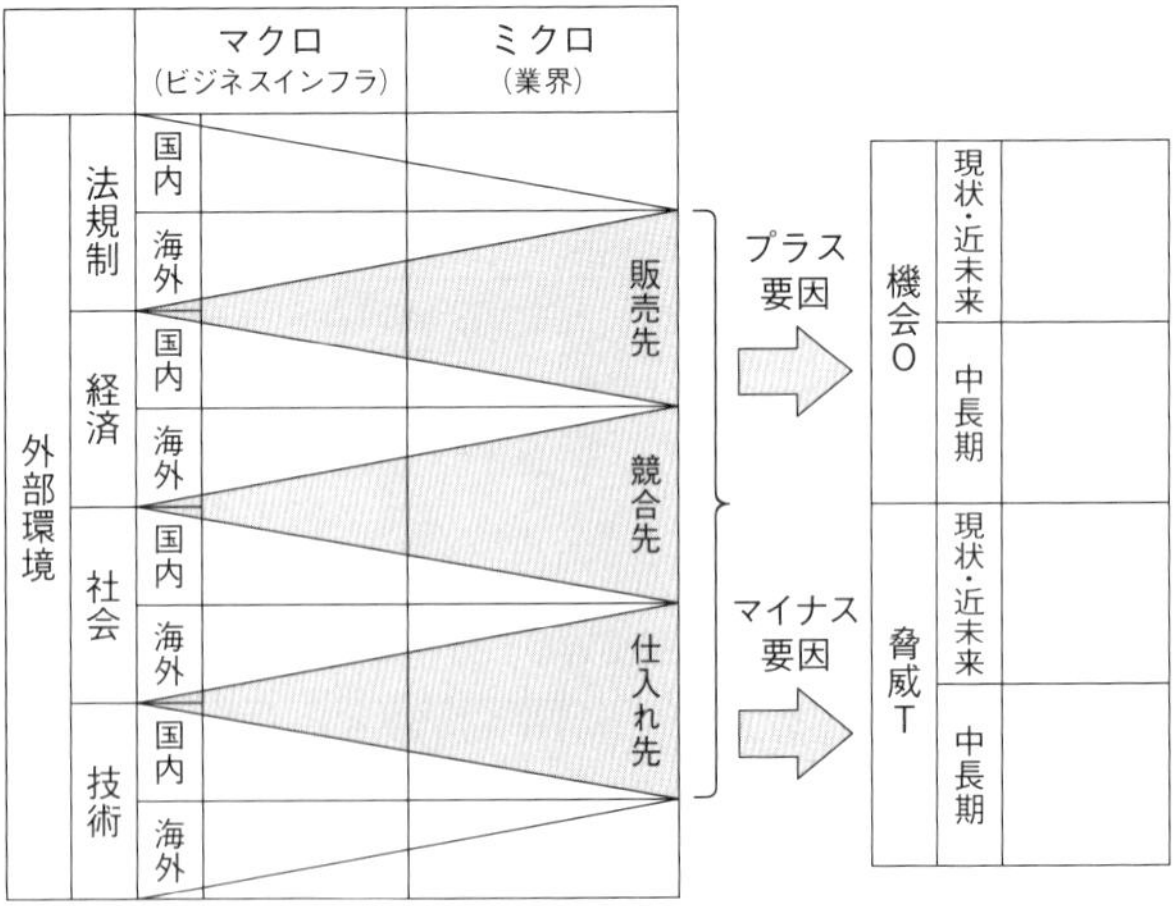

図5－4　外部環境におけるプラスとマイナスの各要因

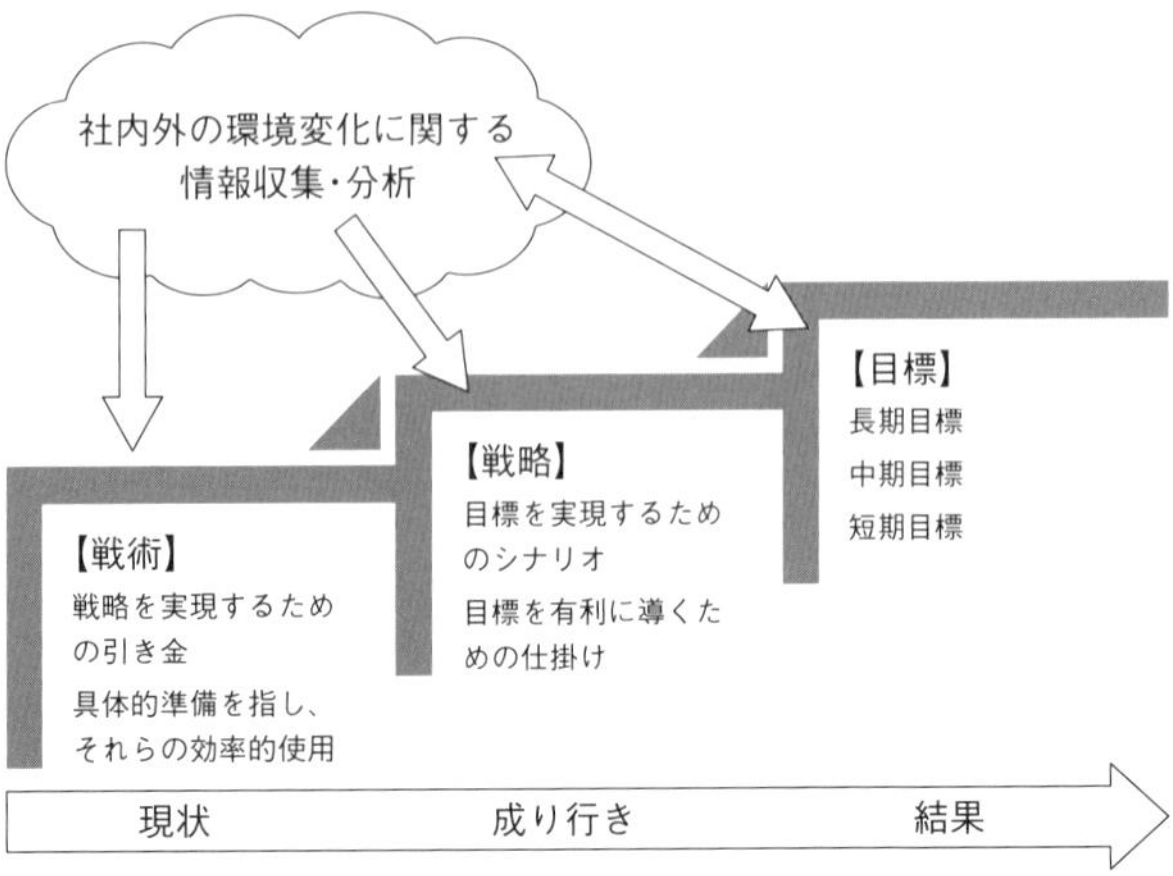

図5－5　戦術、戦略、目標は社内外の環境変化の情報収集・分析に因る

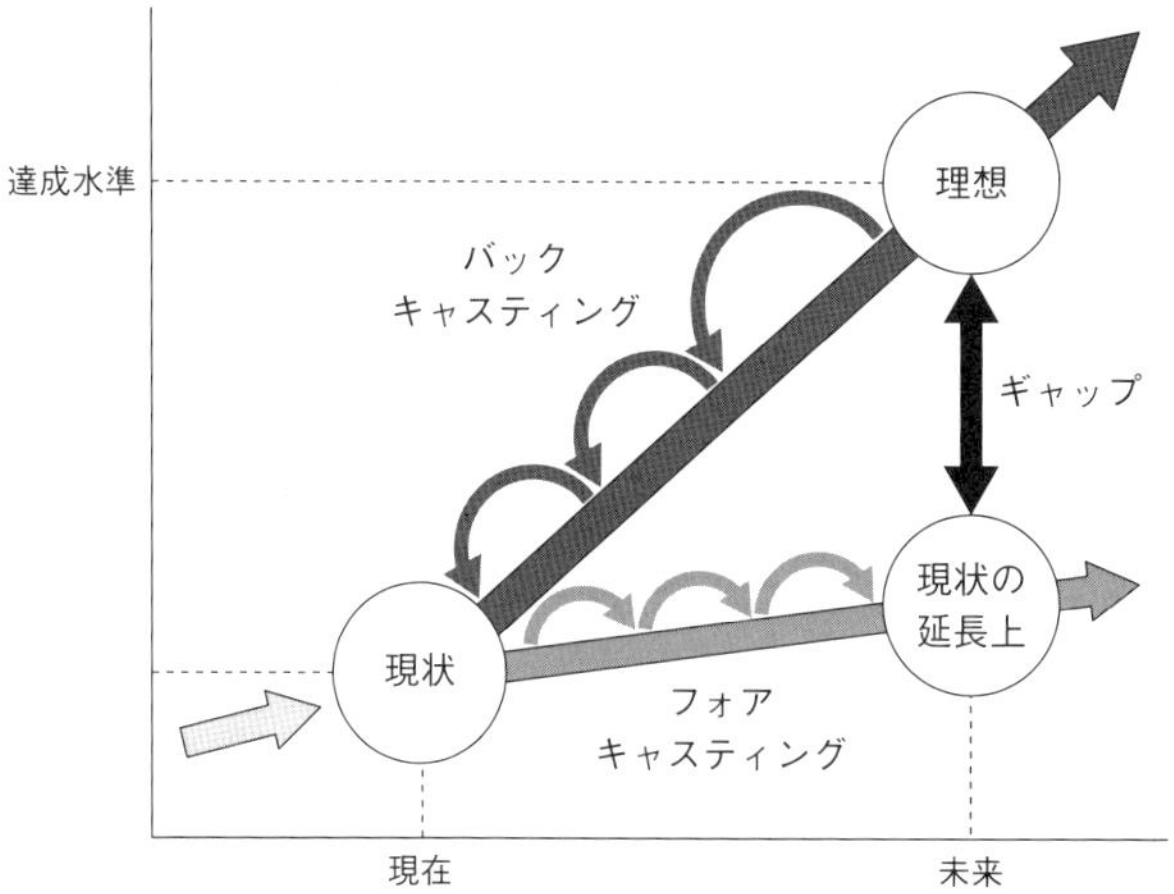

図 5 - 6　バックキャスティングのイメージ図

		自社の提供製品・サービス	
		既存	新規
販売先市場（顧客）	既存	**市場浸透** 既存製品 × 既存市場	**新製品開発** 新製品 × 既存市場
	新規	**新市場開拓** 既存製品 × 新規市場	**多角化** 新製品 × 新規市場

図 5 - 7　アンゾフのマトリックス

		自社の提供製品・サービス		
		既存	既新（応用製品）	新規
販売先市場（顧客）	既存	**市場浸透** 既存製品 × 既存市場		**新製品開発** 新製品 × 既存市場
	既新（周辺市場）			
	新規	**新市場開拓** 既存製品 × 新規市場		**多角化** 新製品 × 新規市場

図5－8　お隣組攻略の概念図

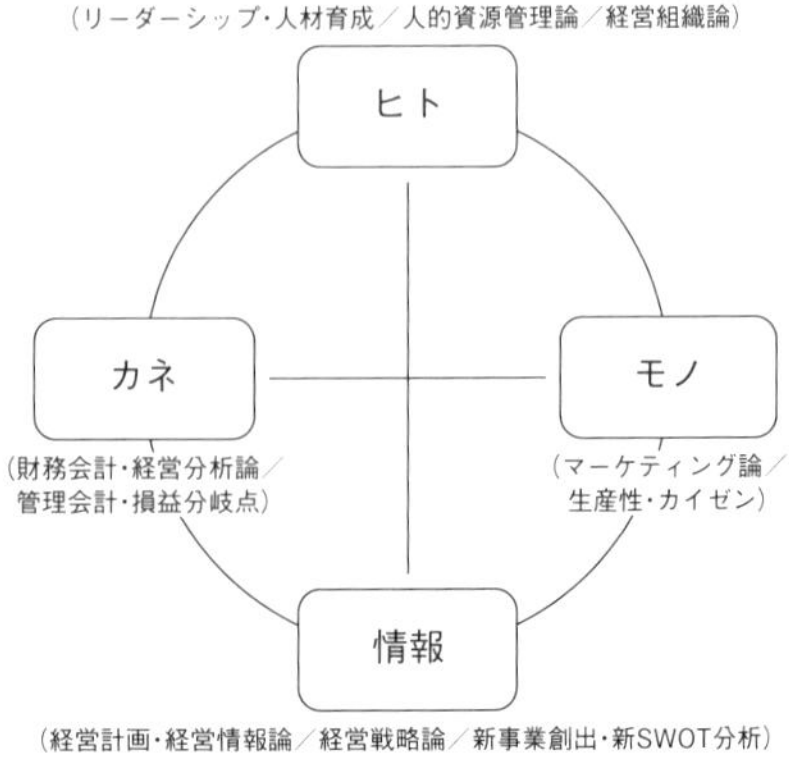

図5－9　「あんパン経営学」基本10科目の相関図

第六章　地域創生と経営

農業が進化して多方面から注目されています。

昭和時代の農業のイメージは生産性が低く、高齢化や離農、過疎化の促進により、暗い面が比較的多かったように思います。

▼魅力ある農業

平成時代は、平成二十八年の「改正農地法」施行などをきっかけに農業法人が増え続け、事業環境に変化が見られるようになってきました。さらに令和時代に入ると、働き方改革などの法改正と新型コロナウイルスの感染拡大による新しい生活様式（ニューノーマル）への移行も相まって、農業は魅力ある産業として大きく変貌を遂げつつあります。

長野県内で農業経営塾の運営と活動に取り組んだ経験が私にはあります。四年間にわたるそれらの活動を通して、農業が地域創生のカギまたは原動力になると確信するようになりました。その話を紹介しながら、従来の経営学が見落としがちな日本の農業経営を考えてみたいと思います。

長野県北部に位置する中野市の市長（当時）池田《いけだ》茂《しげる》氏より「〝経営感覚〟をもった農家を育成するために、農業経営塾を開きたいので協力してもらえないだろうか」との依頼の打診を受けたのは二〇一六（平成二十八）年春のことでした。

企業経営には精通しているつもりの私でも、農業分野には経験もなく知識も乏しいので、はじめは躊躇しました。池田氏の熱い地元愛と「中野市の農業変革により日本全体をも元気にしたい」との自利利他の将来構想を知って心動かされ、引き受けることにしました。

農業経営塾の事務局は中野市役所の農政課に置かれました。特筆すべきなのはＪＡ中野市（中野市農業協同組合）の協力支援体制でした。教室の提供から受講生の募集まで、市の農政課と共に農業経営塾の運営を全面的にサポートしました。

▼農業経営塾の始動

農業経営塾は、二〇一七年に「一般コース」からスタートし、二〇二〇年まで毎年、新規受講生向けの「一般コース」とその卒業生を対象にした「ステップアップコース」を開講しました。開講時期は農閑期となる八月末から翌年の二月までで、毎月一回（四時間）の実施でした。

「一般コース」の講義は、「経営理念・事業計画」「マーケティング・経営戦略」「農業会計・経営分析・採算性」「生産性・品質・工程管理」「人的資源・組織力」の五科目を中心に据えました。いずれも経営の本質に関わる内容です。

課外授業を企画して、手配した中野市所有のバスに乗り、長野県および近県の農家や農業法人を訪ねました。名目は「先端経営体視察」です。農家（一次産業）が、農産物の価値をさらに高めることにより、農家の所得（収入）を増やしていく六次産業化に取り組んでいるケースに立ち会ったり、農業の総合展示会などを訪問したりしました。私が課外授業で気を付けたのは、経営学の要点を伝えることでした。

「ステップアップコース」は、「農業ビジネスにおける〝将来の目〟」「農業法人の設立・運営と六次産業化成否のカギ」「農業マーケティング」といったトピックを講義しました。このほか、受講生から要望のあったテーマについてテレビ関連番組の視聴を取り入れながら、「一般コース」の講義内容を補足したり掘り下げたりしました。

「一般コース」と「ステップアップコース」の接続はとても大切です。「一般コース」の受講生はできれば全員が、応用編である「ステップアップコース」を続けて受講してほしいと考えました。このため「先端経営体視察」は両コースの合同参加形式にし、受講生間の交流にも力点を置きました。

▼仲間と挑戦

農業の六次産業化は一人でチャレンジするよりも、仲間や同志と情報交換をしながらチャレンジした方が大きな力になります。中野市もＪＡ中野市もそれを望んでいました。

農業経営塾の講義は一回四時間が基本です。座学ばかりでなく、「ワールドカフェ方式」によるグループ別演習も大きな特色になっていました。四〜五人が一組になってテーブルにつき、「カフェ」のようなリラックスした雰囲気の中で自由な対話をし、グループ内で取り上げた内容をグループ以外のメンバーが「留学」と称して他のグループと交流します。そのことでグループ間の交流も深まり、参加者全員が互いの意見を傾聴し、知識を深められます。合意形成を目指す手法としてはとても有益だといえます。

中野市の農業経営塾では毎回三〜四のグループを編成しました。グループ内の交流ばかりか、他のグループのメンバーとのやりとりによって教室全体が盛り上がることもしばしばありました。私が工夫を凝らしたのは、メンバーの発表能力がそれぞれ培われるように、意見や感想を求めるようにした点です。こうしたファシリテーションの甲斐があって、メンバー全員が農業経営の当事者意識を持ってくれました。

最後の講義は両コースとも、受講生自身による課題解決のためのプレゼンテーションです。課題そのものは私が提起しました。どのプレゼンも聞いていて胸が熱くなりました。全員が農家の将来像をたくましく描き切っていて、日本の農業は明るいし、もっと明るくなるとの訴えが伝わってきました。それは個々の農家レベルの課題でも、自治体レベルの課題でも、そして国レベルの課題でも解決策は有機的に結び付き、ミクロからマクロまでの課題を合理的に解く道筋を示していました。

▼クイーンルージュ

うれしいことにプレゼンは絵に描いた餅ではありませんでした。実は大きな成果と呼ぶべき事例がいくつかあり、その中の二つを紹介しましょう。

一つはブドウのシャインマスカットの新品種でもある「クイーンルージュ」の誕生です。シャインマスカットはそもそも「安芸津《あきつ》21号」と「白南《はくなん》」をかけ合わせて育成された黄緑色の大粒ブドウ品種です。独立行政法人農業・食品産業技術総合研究機構果樹研究所が開発に成功し、二〇〇六年に品種登録されました。ヨーロッパブドウの香りや食感が特色で、皮ごと食べられることから大人気です。

二〇一七年の農業経営塾開校当初、日本のシャインマスカットがグローバル面での〝知財戦略〟の失敗により中国でコピー商品が生産され始めたことを取り上げました。

「一般的に企業経営では、競合相手が出現した場合、競合相手との差別化戦略としてこれまでにないほどおいしい新製品を開発することを目指す」と指摘すると、たまたま受講していたJA中野市の園芸担当職員が「グリーンではなく、巨峰のような紅色でさらに糖度の高いブドウの開発を目指したい」と意気込みを口にしました。開発を楽しみにしていたところ、二〇二二年に出荷にこぎつけることができ、「シャインマスカット」「ナガノパープル」に「クイーンルージュ」を加えた「長野県 ぶどう三姉妹」がお目見えしました。

消費・流通の専門紙にＪＡ全農長野が全面広告を打ちました。そこにはクイーンルージュは「赤色で、大玉、種無しで皮ごと食べられ、シャインマスカットを超える甘さがあり、長野県としてもその品質に自信を持っています」と述べる長野県知事の言葉が掲載されていました。この新製品は知的財産として登録されたことは言うまでもありません。

私の講義が新品種の開発にどれだけ結び付いたかは正直、分かりません。それでも受講生たちが皆、開発をわが事のように喜び、自分もそれに続きたい、互いに切磋琢磨したいと考えてくれたことは間違いなく、それこそが「成果」と呼べると私は思っています。

▼琥珀の華

もう一つは、干し柿の新品種「琥珀《こはく》の華《はな》」の誕生です。長野県南部で栽培される柿の品種である市田柿《いちだがき》の突然変異から生まれました。市田柿に比べて糖度が高く、風味の良さが特徴です。中野市で農家を営む受講生のTさんらが育て上げ、二〇二〇年四月に商標登録されました。

地元紙は「干すと甘みが強いのが特徴だ。ブランド化することで、地元の特産として広くアピールしていきたいとしている」と中野市における取り組みを紹介しました。その後、「おひな柿」「ころ柿」も誕生し、「琥珀の華」と合わせて三品目が出荷されるに至りました。

実はこのほかにも新しい動きが出ています。

受講生の第一期生であるSさん。もともとは東京在住のシステムエンジニアでした。新しいライフスタイルを求め、自然環境豊かな中野市に家族全員で移住し、就農しました。有機肥料にこだわる独自の活動が評価され、農林水産省生産局長賞（最高賞）を受賞しました。

さらにインターネットを活用し、首都圏をはじめ全国の消費者やレストランなどを対象に販売先を拡大する農家が増えています。東京や横浜で開催される長野県特産品フェアへの参加が目立つようになりました。消費者との触れ合いを通じて、「生きたマーケティング」を実践し、その効果が少しずつ現れてきていると私は感じています。彼ら受講生の多くは三十代から四十代です。無人トラクターやドローンを活用するだけではなく、作付け・栽培管理に農業アプリを手軽に使いこなしています。共通しているのは次世代農家の担い手として従来の農業からの脱皮を図ろうとしている点です。

新型コロナウイルスの感染拡大とロシアのウクライナ侵攻は、食糧安全保障問題をクローズアップしました。小麦やトウモロコシ価格の高騰により、世界の食料供給体制が揺らぎました。ＥＵ（欧州連合）内では農村開発の可能性を広げるために、農村と都市のデジタル格差の克服、インターネットの普及とデジタル化を通じた「スマートビレッジ」の実証実験が進行しています。

▼スマートビレッジへ

ＥＵ欧州議会は「地域の強みや機会を生かし、革新的なソリューションでレジリエンス（回復力）を向上させる農村地域のコミュニティ」とスマートビレッジを定義しています。情報通信、ビッグデータ、ＩｏＴなど主にＤＸ技術を駆使することで、スマートビレッジをより機動性のあるものにするのが狙いです。限られた資源を有効に利用しつつ、コミュニティの魅力と生活の品質を向上する活動と位置づけられています。

ＥＵ域内の二十の農村が設定する目標に向けた「21世紀のスマートビレッジに関する準備行動」に、次のような十二の活動例が挙げられています。

一、学校が閉鎖された村の子供に五〇〇キロ離れた学校からオンラインで授業を配信
二、相続人不在の農地をコミュニティが取得、農村の子供や移住者に使用権を提供
三、地域内のリモートワークサービス施設を一つのブランドとして提供
四、小規模なバイオガス発酵装置をコミュニティが設置、堆肥由来の再エネを利用
五、村民がブドウ園に出資、出資者にワインを贈呈、コミュニティはワインを販売
六、村ぐるみでライドシェアを実施、交通弱者にもモビリティーの自由を提供
七、季節の特産品の詰め合わせを販売、前払いで顧客数・受注数・現金を確保
八、一つのホテルのように村ぐるみで民泊を経営、観光客は好きな民家に宿泊
九、コミュニティの共同投資で村全体の民家に太陽光発電を設置、売電で収益
一〇、ブドウ畑の精密農業、ＩｏＴ・衛星画像・ＧＰＳ・ＧＩＳ情報とワイン組成を
　ＡＩ分析
一一、オリーブの木々の里親制度、里親は管理費を賄い、ＶＲで畑を訪問
一二、村の住民の健康状態を遠隔検診システムでモニタリング

どうでしょうか。十二の活動例を見ただけでも、ワクワクしてきませんか。

農業・建設機械メーカーのクボタは二〇二二年一月に開いた「GROUNDBREAKERS―日本農業の未来へ」と題するオンラインイベントで、「スマートビレッジ構想」を発表しました。それによると、二〇三〇年を目標に、自動運転の田植え機やトラクターを拡充し、作業者への負担を可能な限り軽減させるそうです。

さらに独自の農業情報プラットフォームにより、農機・栽培・営農を支援する各種システムのデータ共有ができる環境を整備する計画です。水道インフラや下水処理のコア技術を活用し、水田の流量を調整して水害に備える「田んぼダム」、農業残渣《ざんさ》や家畜糞尿をメタン発酵して得られる熱や電気の創エネにも取り組むそうです。これらのスマートビレッジ構想を実証できる環境も整えたうえで、食料・水・環境という三つの事業分野が一体となって社会課題を解決していくことを目指しています。

▼三つの課題

二十一世紀に入り日本の農村問題は三つの大きな課題を抱えていて、大きな転換期を迎えていると考えられます。

一つは農業従事者が引退年齢に入りつつあることです。世代交代の波は荒く押し寄せています。

二つ目は工業化と都市化の一方的な進行による農地の転用が終わりを迎えていることです。

三つ目は農村における環境維持機能が後退することにより、地球温暖化・ヒートアイランド化・自然災害の激発が深刻化しつつあることです。農村がやせ細ることにより直接的・間接的な影響が大きく広がっています。

都市と農村は相互依存の関係にあります。都市問題を解決するスマートシティ構想のみが脚光を浴びるのではなく、農村問題を解決するスマートビレッジ構想にも光を当て、両者の連携により、相互解決を図ることが大切ではないでしょうか。

地域創生が日本に根付くためには、「三方よし」に代表される企業の健全経営と同じ姿勢が必要です。

地方創生はそれぞれの地域で住みよい環境を確保し、将来にわたって活力ある日本社会を維持していくことを目指すものでした。具体的には少子高齢化の進行に的確に対応し、人口の減少に歯止めをかけ、東京をはじめとする首都圏への人口の過度の集中を是正しなければなりません。

次に述べる五つの条件が重要だと私は考えています。

一、情熱を持った熱いリーダーが存在すること中野市の農業経営塾を発案し、推進してきた元市長・池田茂氏の存在はまさに「熱いリーダー」ではなかっただろうかと思います。さらに言うと、リーダーの構想に共鳴し協力支援する市の農政課職員、ＪＡの幹部職員、受講生は変革（イノベーション）を起こす重要なフォロワーでした。

二、外部からの知恵を継続的に取り入れること

首都圏の地銀に勤めていた池田氏は、サラリーマン時代に培った幅広い人脈やネットワークを徹底的に生かしました。首都圏で活躍する人材から企業が集積した知見やアイデアまでを中野市に呼び寄せました。一般に新規事業を推進するためには三つのタイプの人間が必要だといわれます。「よそ者」「若者」「馬鹿者」です。私がここで言う「外部の知恵」とは「よそ者」に該当します。

三、利益が地域に還元される仕組みであること

地域が活況を呈するには、稼いだ利益が地域内で還流することが重要です。農業を地

域活性化の起爆剤にするには、そこで生み出した利益やノウハウは地域全体で共有していくシステムが必要です。観光業や飲食業などはもちろんのこと、将来性が期待される新規事業への再投資・育成にも、それらの利益やノウハウが伝播していかなければなりません。

四、地域金融の活用により共通価値が生み出されること

地銀や信用金庫に代表される地域金融機関は、資金繰りの支援はもとより経営改善、事業再生、事業転換支援、M＆A（企業の合併・買収）仲介といった多方面でのサービスを通じて、地域創生に貢献できます。それは地域の共通価値となります。金融面だけでなく、地域社会のニーズに沿った事業者や人材の紹介・仲介、情報提供をきめ細かくすることで、後継者不在で廃業の危機に直面する事業承継問題などについても解決の糸口を見いだせると考えられます。

五、持続的な組織形成につながるサービスの提供があること

▼持続する地域社会こそ

二〇〇七年度に導入された水田経営所得安定対策（旧品目横断的経営安定対策）を契機に、集落営農が数多く生まれました。集落営農というのは、集落を単位として、農業生産過程の全部または一部について共同で取り組む組織のことです。組織化による効率化や後継者問題の解決など合理的な農作業や農業経営を進めることができるとうたわれました。組織の法人化は一定レベルまで進んだものの、後継者の確保や世代交代の課題は残ったままです。創設期のリーダーは高齢化が進み、次世代育成が喫緊の課題です。第一章でも述べたように、近江商人の経営哲学を支えている「自利利他」といった社会の共生思想があってこそ、日本には百年以上続く長寿企業が輩出されています。持続性や永続性のキーワードには、よきコミュニケーションとよき人間関係が含まれていると私は考えます。ですから社会や組織の最小構成単位である家族や個人にもっと目を向けることが大切ではないでしょうか。円満な家庭や相性のよい人間関係、働きがいや生きがいも、地域創生の不可欠な要素であるに違いありません。

すでにお分かりのように、日本の地域創生は「自律分散」が大きなカギを握っているといえます。「自律分散」とは、人との関係においてあつれきを生むような上下関係はなく、相互信頼の自律かつ自立した組織形態のことを指していると言っていいでしょう。個人の幸福感を中心に、社会や時代の変化に対応したさまざまな方策が組織的にかつ体系的にそして機能的に取られる地域社会は、決して夢社会であってはならないないと思うのです。

あとがきに代えて

経営に関する講演や講義をすると「よい会社とは、一体どのような会社ですか？」と質問されることが多い。そもそも誰にとって「よい会社」なのか、評価する対象者によって条件は変わってきます。従業員から見れば安心・安全な労働環境下で高賃金、短時間労働を保証してくれる会社が望ましいでしょう。顧客から見れば安価で高品質の商品やサービスを提供する会社でしょう。また株主から見れば株価上昇傾向あるいは高配当企業ということになるでしょうか。

百年以上続く歴史ある老舗企業や上場企業でも、粉飾決算や偽装問題の不正により、経営破たんを招いたり著しく信用力を落としたりする企業が後を絶たないため「よい会社とは？」という質問が出てくるのでしょう。

企業が事業活動を通じて利益を上げるためには、社会のなかの一企業・一市民として最低限守らなければならないルールやマナーがあります。たとえ法律に違反していなくても、社会通念上、許されないルール・マナー違反は社会から「退場」を余儀なくされるのは当然です。これがコンプライアンスです。

コンプライアンスは「法令遵守」とふつう訳されます。私はむしろ「法令倫理遵守」が適訳だと考えます。あらゆる利害関係者であるステークホルダー（社員、顧客、調達先、株主、金融機関、地域社会など）に対して、信頼を裏切るような行為をした場合、法令に違反していなくとも、どんなに事業が成功していても、許されないということです。そうした企業は決して「よい会社」の範疇には入りません。近江商人の「三方よし」の経営理念、渋沢栄一の「世のため人のため」の精神に反するのは明らかです。

ここでピーター・F・ドラッカーの言葉を思い出します。著書『ネクスト・ソサエティ』の中で彼は、企業は三つの役割をもった機関（組織）であると述べています。まずは収益性を重視した「経済機関」。次に従業員を重視した「人的機関」。そして最後は社会性を重視した「社会機関」です。三番目の「社会機関」とは企業の社会的責任（CSR）にも通じる考えです。会社は利益を上げようといろいろな手を打ちます。その過程で時には暴走し、ルールを無視したりマナーを破ったりすることがあります。これら不正を律するのが経営トップの役目です。最近は、その経営トップ自身が問題を起こすことも枚挙にいとまがありません。

会社はゴーイング・コンサーン（Going Concern：継続企業）です。事業を継続しながら、経営者は後継者にバトンタッチしなければなりません。後継者は意識するにせよ意識しないにせよ、創業者の精神を忘れたり軽視したりする恐れがあります。そして自身の個性や経営能力に企業の体質は左右されます。

時代が変わっても、経営者が代わっても揺るがない企業内の「憲法」「法律」を、だからこそ明文化しておくことが必要なのです。それこそが「よい会社」として継続していく秘訣となります。

なぜ、何のために、私たちは事業活動を続けるのか。自社の存在意義を絶えず問い続けるしかありません。「社訓」や「社是」として掲げられることが多い企業理念によって会社の風土・文化は形成され、それに合った人が集まり賛同できる人が会社に残り、そうでない人は去っていきます。その結果、企業理念に共鳴した仲間意識の強い組織へと変化します。

世界で医薬品・医療機器事業などを展開するアメリカのジョンソン・エンド・ジョンソン社には、一九四三年に起草された経営哲学の「我が信条（Our Credo）」があります。同社によると、グループ各社・社員一人ひとりに浸透しています。その骨子は次の通りです。

・我々の第一の責任は、我々の製品およびサービスを使用してくれる患者、医師、看護師、そして母親、父親をはじめとする、すべての顧客に対するものであると確信する。

・我々の第二の責任は、世界中で共に働く全社員に対するものである。
・我々の第三の責任は、我々が生活し、働いている地域社会、更には全世界の共同社会に対するものである。世界中のより多くの場所で、ヘルスケアを身近で充実したものにし、人々がより健康でいられるよう支援しなければならない。
・我々の第四の、そして最後の責任は、会社の株主に対するものである。

第四の責任については「事業は健全な利益を生まなければならない。我々は新しい考えを試みなければならない。研究開発は継続され、革新的な企画は開発され、将来に向けた投資がなされ、失敗は償わなければならない」と補記されています。渋沢栄一の言葉と重なります。

冒頭の質問に戻りましょう。

「よい会社とは、一体どのような会社ですか？」と問われるたびに、私は次のように答えています。

「よい会社とは、財務内容がよくカネもうけがうまいだけではなく、そこで働く社員の誰もが働きがいをもち、自分の人生を豊かにする場だと思っていることが必要です。社員と経営トップとが、同士（仲間）として共通の目標に向かっていなければなりません。さらに、ステークホルダーからも支持されていることです。ひと言で言えば、信頼関係を基本として、各層から愛されている会社です」

＊　＊

私は大学・大学院を出た後、大手化学メーカーに勤めました。社費留学でアメリカのイリノイ大学大学院ビジネススクールで学び、ＭＢＡ（経営学修士）を修めました。一九八〇年代前半のことです。化学メーカーでは主に経営企画部門に在籍し、全社経営計画の策定から個別事業戦略の構築、設備投資の採算評価、新規事業の推進企画までを担当し、退社した八九年に調査と研修セミナー、コンサルティングを柱にした株式会社ビット89を起業しました。中小・零細企業の経営者を支援するために「社外経営企画室」を作ろうと考えたのがきっかけです。二〇一〇年から一五年までは淑徳大学・大学院で教授を務めました。

この「会社員」「起業家」「教育者」という「三毛作人生」を踏まえて、開校したのが本書のもとになった「あんパン経営学」を講義する経営塾「寺子屋カレッジ」です。

「寺子屋カレッジ」で扱っている異なったコースの講座構成（「あんパン経営学」と「近みらい経営学」）は、「経営」という言葉の語源に起因しています。まえがきにも触れたように、仏教用語に由来する「経営」は、そもそも織物の縦糸と横糸のことです。「経」とは縦糸のことで変わらないもの、変えてはいけないものを意味し、横糸を指す「営」は、変えていくもの、変えなければならないものを意味します。ですから「あんパン経営学」の方は「経」に含まれ、一般的な経営学で扱うもうけるための定石的な「経営術」と、社会通念を重視した「経営道」を合体した経営学です。論理とイメージを上手に併せて使う「経」と、法改正や経済・社会・技術の時代変化を学ぶ「近みらい経営学」の「営」について理解を深めることを「寺子屋カレッジ」は目的にしています。本書で取り上げたモノ、ヒト、カネ、情報に関する十の科目（小テーマ）はいわば「経」のフレームワークです。日々の事業活動の中で応用していただければと思います。

本書執筆の機会を与えてくださった帝京大学理事長・学長の冲永佳史氏、帝京大学出版会代表兼帝京サービス社長の岡田和幸氏、そしてリカレントカレッジの講師として迎え入れてくれている帝京大学冲永総合研究所のスタッフの皆さまに深く感謝します。最後に、企画から編集まで熱心に支援してくださった帝京新書編集長の谷俊宏氏に厚くお礼申し上げます。

二〇二三年九月二十一日

吉田　健司

主な参考文献

宇佐美英機『近江商人と出世払い――出世証文を読み解く』吉川弘文館、二〇二一年
尾ノ井憲三『日本農業再生案：鍵はコメ』筑波書房、二〇一八年
窪田新之助・山口亮子『農業のしくみとビジネスがこれ1冊でしっかりわかる教科書』技術評論社、二〇二〇
渋沢栄一『論語と算盤』忠誠堂、一九二七年
渋沢栄一『青淵百話』国書刊行会、一九八六年
渋沢栄一（守屋淳訳）『論語と算盤：現代語訳』ちくま新書、二〇一〇年
渋沢栄一（実業之日本社編）『富と幸せを生む知恵：ドラッカーも心酔した名実業家の信条「青淵百話」』実業之日本社、二〇一一年
田林明「日本農業の構造変容と地域農業の担い手」経済地理学年報、五三巻・一号、二〇〇七年
P・F・ドラッカー（上田惇生訳）『現代の経営 上・下』ダイヤモンド社、二〇〇六年
P・F・ドラッカー（上田惇生訳）『ネクスト・ソサエティ：歴史が見たことのない未来がはじまる』ダイヤモンド社、二〇〇二年
西口敏宏・辻田素子『コミュニティー・キャピタル論：近江商人、温州企業、トヨタ、長期繁栄の秘密』光文社新書、二〇一七年
農林水産省「令和2年度　食料・農業・農村の動向／令和3年度　食料・農業・農村施策」

山本昌仁『近江商人の哲学――「たねや」に学ぶ商いの基本』講談社現代新書、二〇一八年
吉田健司「VUCA時代の〝シン・経営学〟と中小企業・農業分野等の経営教育：地域創生のカギは、リスキリング教育の拡充」社会教育、七八巻・六号、二〇二三年
吉田健司「農業経営の進化と地域創生のカギ：『信州なかの農業経営塾』（長野県中野市）活動を通して」日経研月報、五二八号、二〇二二年
吉田健司「生涯活躍の基盤づくりとしての学び直し経営塾【寺子屋カレッジ】：〝三毛作人生〟から生まれた進化系経営学のススメ」社会教育、七四巻・二号、二〇一九年
吉田健司「PROPOSALソサエティ5・0、第4次産業革命が目指す社会と進化系『「公民館』」社会教育、七三巻・一一号、二〇一八年
吉田健司「経営学のあり方と学び方」国際経営・文化研究、二一巻・一号、二〇一六年
吉田健司「(59) 改善型SWOT分析の提案と戦略構築連携に関する研究」經營學論集、八四巻、二〇一四年
吉田健司・編著『中国ビジネスのケーススタディ：早稲田大学オープンカレッジテキスト』PHP研究所、二〇〇四年
吉田健司『最強のMBAバイブル：即戦力が身につく!』PHP研究所、二〇〇三年

吉田　健司（よしだ・けんじ）
経営学者。一般社団法人「寺子屋カレッジ」代表理事、株式会社ビット89代表取締役。1950年生まれ、岐阜県出身。早稲田大学理工学部卒。同大学院修士課程修了。機械工学専攻。75年旭化成工業（現・旭化成）に入社し、全社経営計画の策定などに携わる。81〜83年同社より米イリノイ大学大学院ビジネススクールに派遣留学・卒業しMBAを修めた。89年に同社を退社しビット89を設立。2010年に淑徳大学教授に就き、15年定年退任した。帝京大学リカレントカレッジの講師を務める。著書に『最強のMBAバイブル』（PHP研究所）『経営戦略レポートの作り方』（同）などがある。

帝京新書002

論の経営学、倫の経営学
—企業の「健康寿命」を伸ばす—

2023年12月10日　初版第1刷発行

著　者　吉田健司
発行者　岡田和幸
発行所　帝京大学出版会（株式会社 帝京サービス内）
〒173-0002　東京都板橋区稲荷台10-7
帝京大学 大学棟3号館
電話 03-3964-0121
発　売　星雲社（共同出版社・流通責任出版社）
〒112-0005　東京都文京区水道1-3-30
電話 03-3868-3275
FAX 03-3868-6588
企画・構成・編集　谷俊宏（帝京大学出版会）
印刷・製本　精文堂印刷株式会社

ISBN：978-4-434-33128-2

帝京新書創刊のことば

日本国憲法は「すべて国民は、個人として尊重される」（第十三条）とうたっています。帝京大学の教育理念である「自分流」は、この日本国憲法に連なっています。

自分の生まれ持った個性を尊重し最大限に生かすというのが、私たちの定義する「自分流」です。個性の伸長は生得的な条件や家庭・社会の環境、国家的な制約や国際状況にもちろん左右されます。それでも〈知識と技術〉を習得することにより、個性の力は十分に発揮されることになるはずです。「帝京新書」は、個性の土台となる読者の〈知識と技術〉の習得について支援したいと願っています。

グローバル化が急激に進んだ二十一世紀は、単独の〈知識と技術〉では解決の難しい諸問題が山積しています。国連の持続可能な開発目標（ＳＤＧｓ）を挙げるまでもなく、気候変動から貧困、ジェンダー、平和に至るまで問題は深刻化かつ複雑化しています。だからこそ私たちは産学官連携や社会連携を国内外で推し進め、自らの教育・研究成果を通じて諸問題の解決に寄与したいと取り組んできました。「帝京新書」のシリーズ創刊もそうした連携の一つです。

帝京大学は二〇二六年に創立六十周年を迎えます。

創立以来、私たちは教育において「実学」「国際性」「開放性」の三つに重きを置いてきました。「実学」は実践を通して身につける論理的思考のことです。「国際性」は学習・体験を通した異文化理解のことです。そして「開放性」は〈知識と技術〉に対する幅広い学びを指します。このうちどれが欠けても「自分流」は成就しません。併せて、解決の難しい諸問題を追究することはできません。「帝京新書」にとってもこれら三つは揺るぎない礎です。

大学創立者で初代学長の冲永荘一は開校前に全国を回り、共に学び新しい大学を共に創造する学生・仲間を募りたいと訴えました。今、私たちもそれに倣い、共に読み共に考え共に創る読者・仲間を募りたいと思います。

二〇二三年十二月

帝京大学理事長・学長　冲永佳史